# LA ISLA
# DEL TESORO

Robert Louis Stevenson

**La isla del Tesoro** es una obra colectiva concebida, diseñada y creada por el equipo editorial Alfaguara (Santillana, S. A.)

En su realización han intervenido:
Edición: Marta Higueras Díez
Adaptación de la novela de R. L. Stevenson: **Celia Ruiz**
Ilustración: **Francisco Solé**
Ilustración de cubierta: Francisco Solé
Diseño de cubierta: Inventa C.G.
Revisión editorial: Carlos García
Realización: Victor Benayas
Dirección técnica: José Crespo

© 1996, Santillana, S.A.
Juan Bravo, 38. 28006 Madrid

Aguilar, Altea, Taurus, Alfaguara, S.A. de Ediciones
Beazley, 3860. 1437 Buenos Aires

Aguilar, Altea, Taurus, Alfaguara, S.A. de C.V.
Av. Universidad, 767. Col. Del Valle. México, D.F. C.P. 03100

Editorial Santillana, S.A.
Carrera 134, n° 63-39, piso12
Santafé de Bogotá-Colombia

ISBN: 84-204-5729-9
D. L.: M-39.969-1996

PRINTED IN SPAIN - IMPRESO EN ESPAÑA
Impreso en Gráfica Internacional, S. A., Madrid (España)

# LA ISLA
# DEL TESORO

Robert Louis Stevenson

# Personajes

Al joven Jim
le suceden increíbles aventuras,
en las que demostrará su valentía.

Éstos son los padres
de Jim. Personas trabajadoras
y honestas son dueños de la
posada del "Almirante Benbow".

Livesey es el doctor. Acompañará
a nuestro protagonista
a la Isla del Tesoro.
Este hombre es prudente
y valiente.

El caballero Trelawney
es un pedazo de pan.
Eso sí, se va de la lengua y es capaz
de contar un secreto a la persona
menos apropiada.

Long John Silver, conocido
también por Barbecue.
Tiene tantos nombres como caras
y personalidades.
El que está encima de su hombro
es el *Capitán Flint*, un viejo loro.

Éste es el capitán Smollett,
un magnífico navegante,
serio y recto.

El Capitán, también conocido
como Billy Bones,
es un poco bruto.

A Ben Gunn se le quedó esta
cara de asombro después
de vivir tres años solo en la isla.
Es bueno, inocente
y un poco derrochón.

# La historia de... LA ISLA DEL TESORO

CORRÍA EL AÑO 1755 CUANDO UN VIEJO MARINERO LLEGÓ A LA POSADA DE MI PADRE. CAMINABA CON UNA CARRETILLA QUE CONTENÍA UN COFRE.

QUISIERON ROBÁRSELO.

BILL, EXTIENDE TU MANO IZQUIERDA.

SÍ, PEW.

PERO YO LO COGÍ...

MADRE, DATE PRISA.

COGERÉ LO QUE ME DEBEN.

...Y LO ENTREGUÉ AL DR. LIVESEY.

IREMOS EN BUSCA DEL TESORO.

ESTOY DE ACUERDO.

EMBARCAMOS EN LA *HISPANIOLA*, Y LLEGAMOS A LA ISLA SIN GRANDES INCIDENTES.

¡TIERRA A LA VISTA!

# CAPÍTULO UNO

# ☠ LA POSADA DEL ☠ "ALMIRANTE BENBOW"

**D**espués de muchos años de aquella excepcional aventura en la Isla del Tesoro, tomo la pluma para contarla desde el principio hasta el fin.

Corría el año 1755 cuando un viejo marinero llegó a la posada de mi padre, llamada del "Almirante Benbow". Caminaba seguido por un hombre que llevaba una carretilla que contenía un cofre. Su rostro bronceado estaba cruzado por la cicatriz de un sablazo. Era alto y fuerte. Al entrar, comenzó a cantar:

> *"Quince hombres sobre el cofre del muerto.*
> *¡Ah, ja, ja, la botella de ron!*
> *La bebida y el diablo se llevaron el resto.*
> *¡Ah, ja, ja, la botella de ron!"*

Pidió a mi padre un vaso de ron y preguntó:
—¿Mucha clientela, amigo?

–Desgraciadamente, tenemos pocos clientes.

–Pues éste es el camarote que necesito. ¡Oye, amigo! –gritó al hombre de la carretilla–. Ayúdame a subir el cofre. ¿Que cómo me llamo? Llámenme Capitán –al subir a su habitación arrojó a mi padre cuatro monedas de oro–. ¡Ahí tiene!

El Capitán era hombre de pocas palabras y pasaba el día sobre los acantilados. Cuando volvía, siempre nos preguntaba si había venido algún marinero por la posada. Yo sabía que algo le atemorizaba, pues me daba cada mes una moneda por vigilar. Debía avisarle si aparecía un marinero con una sola pierna. Poco a poco, este personaje se convirtió en el protagonista de mis pesadillas.

Los clientes de la posada temían al Capitán. Aunque borracho era muy violento, lo que aterrorizaba a estas gentes eran sus historias de ahorcados. Pero no por eso los campesinos dejaban de venir, con lo que el negocio de mi padre fue viento en popa. Pero eso sí, el Capitán no volvió a soltar una moneda para pagar su hospedaje.

Sólo hubo una persona que se atrevió a hacerle frente: el doctor Livesey. Todo ocurrió una tarde que vino a ver a mi padre y entró en el salón. De pronto, el Capitán comenzó a cantar:

*"Quince hombres sobre el cofre del muerto…"*

El Capitán dio un golpe en la mesa para que callásemos. Todos detuvieron sus conversaciones, excepto el doctor, que hablaba con Taylor, el jardinero. Viendo que no callaba, el Capitán gritó:

–¡Silencio!

–¿Se dirige usted a mí? –preguntó el doctor–. Quiero darle un consejo: si no deja el ron, el mundo pronto se alegrará de haber perdido un canalla.

El Capitán, lleno de ira, se levantó. Empuñaba una navaja. El médico ni se movió.

—Si no guarda la navaja —le dijo el doctor con voz tranquila—, le juro que le llevaré a la horca.

Hubo una batalla de miradas entre ambos y el Capitán no tardó en rendirse.

—A partir de ahora —dijo el doctor—, le vigilaré. Además de médico, soy magistrado. A la más mínima queja, será expulsado de este lugar.

La salud de mi padre empeoró al llegar el frío.

Una mañana de enero, cuando preparaba el desayuno del Capitán, se abrió la puerta. Entró un individuo al que no había visto antes. Era pálido y le faltaban dos dedos de la mano izquierda. Miré sus piernas y, viendo que tenía dos, me tranquilicé. Pidió ron y se sentó en el salón. Señalando la mesa, dijo:

—¿Le has preparado el desayuno a mi amigo Bill?

—No, señor. Preparé la mesa para el Capitán.

—Muchacho, tu Capitán es mi amigo Bill. ¿A que tiene una cicatriz en la mejilla derecha? —al ver mi gesto afirmativo, siguió hablando—. Mi visita le va a sentar mejor que un largo trago de ron.

Su gesto burlón me dio mala espina. Pero se me pusieron los pelos de punta cuando vi que el forastero empuñaba su machete al entrar el Capitán. En cuanto éste se sentó, el forastero le llamó. El Capitán, con expresión aterrorizada, gritó:

—¡Perro Negro, suelta lo que tengas que decir!

—Puedes irte, y no espíes —me dijo Perro Negro.

A pesar de la advertencia, agucé el oído. Desde donde yo estaba, sólo podía oír un murmullo. Pero poco tardaron en llegar las voces y los golpes. Perro Negro huía, dejando un reguero de sangre a su paso.

Tambaleándose, el Capitán me pidió ron. No había llegado a la cuba cuando oí un golpe seco. Salí corriendo y encontré al Capitán en el suelo. Mi madre bajaba por las escaleras. Entre los dos, levantamos su cabeza. Mi madre no paraba de lamentarse y yo respiré aliviado al ver al doctor en la puerta.

—¡Oh, doctor! —le preguntó mi madre—. ¿Dónde está la herida?

—No está herido. Ha sufrido el ataque que le pronostiqué. Señora, vaya con su marido. Yo salvaré la vida inútil de este sujeto. Jim, tráeme la jofaina.

Cuando volví, el doctor ya le había rasgado una manga. Su antebrazo estaba lleno de tatuajes. El doctor le abrió una vena con la lanceta y el Capitán volvió en sí. Gritaba como un condenado.

—¿Dónde está Perro Negro?

—Aquí no hay nadie que se llame así. Lo acabo de sacar de la tumba, pero pronto volverá a ella si no deja el ron.

Subimos al Capitán a su cama. Parecía débil. Al mediodía le llevé un zumo y los medicamentos.

—Jim —me dijo—, sé bueno y tráeme ron.

—Pero el doctor...

No me dejó continuar, pues empezó a gritar:

—¡Qué sabrá el médico de la fortaleza de un viejo marinero! Sobreviví al calor y a las fiebres. Todo lo soporté, pero si no me das un vaso de ron, moriré. Te daré una guinea de oro.

—No quiero su dinero. Lo que me gustaría es que pagase a mi padre.

Le traje el ron y lo bebió de un solo trago.

—Chaval, esto está mejor —me dijo.

—¿Cuántos días ha dicho el doctor que tengo que estar en la cama?

—Una semana como mínimo —le respondí.

—¡Imposible! —gritó—. Si me quedo, me echarán la mancha negra. Jim, ¿viste a ese marinero?

—¿A Perro Negro?

—Sí, al mismo. Es un mal tipo, pero los que le han enviado son peores. Oye bien lo que voy a decirte. Quieren mi cofre. Si me echan la mancha negra y no he podido huir, busca al doctor para que atrape a la tripulación de Flint. Yo fui su lugarteniente y sólo yo conozco el lugar del tesoro.

—¿Qué es la mancha negra?

—Te lo contaré si me la echan. Y recuerda, Jim, ten el ojo alerta. Compartiré contigo el tesoro.

Tras darle la medicina, se durmió como un niño. Lo que pasó después me rompió el corazón. Mi padre acababa de morir.

Todo continuó igual hasta el día siguiente. Eran las tres de una tarde brumosa; pensaba en mi padre, cuando vi que alguien venía por la carretera. Era un ciego. Caminaba encorvado. Se detuvo junto a la posada para preguntar:

—¿No hay un alma buena que diga a este pobre ciego dónde se encuentra?

—Está usted junto a la posada del "Almirante Benbow" —le dije.

—Joven —me rogó—, ¿podrías darme la mano y conducirme adentro?

Le tendí la mano y aquel ser estuvo a punto de triturármela. Luego, con voz enérgica, me ordenó:

—Llévame ante el Capitán o te rompo el brazo. Cuando el Capitán vio al ciego, puso la misma cara que la de un enfermo a punto de morir.

—Ahora, Bill, no te muevas —dijo el ciego—. Así es el negocio. Extiende tu mano izquierda.

Entonces, el ciego puso algo en la mano del Capitán. Pasó mucho tiempo hasta que el Capitán miró lo que tenía en la mano.

—¡A las diez! —exclamó—. Sólo tengo seis horas.

Se puso de pie de un salto, pero dio un traspiés y cayó al suelo de bruces. Llamé a mi madre, mas no sirvió de nada: el Capitán había muerto de un ataque de apoplejía. Rompí a llorar.

CORRÍA EL AÑO 1755 CUANDO UN VIEJO MARINERO LLEGÓ A LA POSADA DE MI PADRE. CAMINABA SEGUIDO POR UN HOMBRE QUE LLEVABA UNA CARRETILLA QUE CONTENÍA UN COFRE.

EL CAPITÁN ERA MUY VIOLENTO; SÓLO EL DOCTOR SE ENFRENTÓ A ÉL.

¡SILENCIO!

SI NO GUARDA LA NAVAJA, LE LLEVARÉ A LA HORCA.

EL CAPITÁN RECIBIÓ UNA VISITA.

¡BILL BONES! ¡QUÉ ALEGRÍA VERTE!

¡PERRO NEGRO, SUELTA LO QUE TENGAS QUE DECIR!

EL CIEGO LE ECHÓ LA MANCHA NEGRA.

BILL, EXTIENDE TU MANO IZQUIERDA.

SÍ, PEW.

EL CAPITÁN TROPEZÓ Y CAYÓ MUERTO AL SUELO.

¡MADRE, EL CAPITÁN HA MUERTO!

¡QUÉ VA A SER DE NOSOTROS!

# CAPÍTULO DOS

# ☠ EL COFRE ☠

**C**omo corríamos serios peligros, conté a mi madre todo lo que había sucedido en la posada. Juntos discutimos qué plan llevar a cabo y decidimos ir a buscar ayuda al caserío más próximo.

Dicho y hecho. Salimos hacia la casa de nuestros vecinos. Cuando les contamos lo que sucedía, nadie quiso volver con nosotros a la posada. Sólo nos dejaron una pistola y una bolsa para meter el dinero. Nos prometieron también que un muchacho avisaría al doctor Livesey para que buscará el socorro de gente armada.

Comenzaba a levantarse la luna llena cuando salimos del caserío. Al llegar a la posada, cerramos la puerta y echamos el cerrojo. Mi madre encendió una vela. Cogidos de la mano, entramos en el salón. El cuerpo del Capitán seguía en el suelo. Tenía los ojos abiertos y un brazo extendido.

—Jim —me susurró mi madre—, cierra las contraventanas para que nadie nos vea —cumplida la orden, continuó hablando—.

Y ahora, necesitamos la llave del Capitán. Pero, ¿quién se atreve a tocarlo?

Sin pensarlo dos veces, me arrodillé ante el cadáver. Cerca de su mano había un papel con este mensaje: *"Tienes hasta las diez."* Me sobresalté al oír las campanadas del reloj. Eran las seis.

—Hijo mío, date prisa en registrarlo.

Revisé sus bolsillos y dejé en el suelo las mil cosas que encontré, pero la llave no aparecía. Comenzaba a impacientarme. Como si mi madre leyese mi pensamiento, me hizo esta indicación:

—Jim, tal vez tenga la llave colgada del cuello.

Dominando el miedo, desgarré su camisa. Allí estaba la llave colgada de un cordón. La corté con su propia navaja y subimos corriendo a su habitación.

—Dame la llave —dijo mi madre.

Vaciamos el cofre y seguimos registrando. En el fondo había un capote de marinero, un paquete envuelto en hule y un saco que nos pareció que contenía monedas. Abrió mi madre el saco y dijo:

—Cogeré lo que nos debe y ni un penique más, Jim.

Mi madre fue colocando las monedas en la bolsa que yo mantenía abierta. Fue una tarea complicada, porque en el saco había monedas de distintos países. Cuando estábamos a la mitad de nuestra labor, oímos el "tap, tap, tap" del bastón del ciego sobre las piedras de la calle. Poco después, escuchamos un fuerte golpe en la puerta y el ruido del cerrojo que se movía. Contuvimos la respiración y suspiramos tranquilos cuando oímos que se alejaba.

—Madre, cojamos todo. Tenemos que irnos.

—Espera un poco, Jim. Aquí sólo hay monedas para pagar la mitad de la deuda.

De pronto, un corto y apagado silbido hizo reaccionar a mi madre. Para completar la cuenta, me apoderé del envoltorio de hule. A toda prisa alcanzamos la puerta y emprendimos la retirada. Íbamos hacia el puente, cuando oímos el ruido de unos pasos. Volvimos la vista y divisamos una luz oscilante. Mi madre se desmayó. No sé de dónde saqué fuerzas, pero la arrastré hasta ocultarla debajo del arco del puente.

Como mi curiosidad era más fuerte que el miedo, volví a lo alto de la pendiente. Oculto tras un matorral, contemplaba la posada. Vi que siete u ocho hombres corrían por el camino. El que tenía la linterna caminaba unos pasos delante. Allí iba el ciego, de la mano de dos hombres. Cuando llegaron a la puerta, el ciego les ordenó encolerizado:

—¡Abajo la puerta! ¡Rápido, adentro!

Cuatro o cinco entraron en la casa.

—¡Bill está muerto! —gritaron desde el salón.

—¡Registradlo y bajad el cofre! —ordenó el ciego.

Un hombre asomó la cabeza por la ventana de la habitación del Capitán. A gritos, se dirigió al ciego que seguía junto a la puerta de la posada:

—¡Pew!, han llegado antes que nosotros y se han llevado lo que nos interesaba, sólo queda dinero.

—Ha sido la gente de la posada —dijo el ciego—. Hace un rato estaban aquí. Quise abrir la puerta, pero estaba cerrada. ¡Buscadles por todas partes!

Un gran alboroto se produjo entonces: muebles que caían, patadas contra las puertas… Uno tras otro, los hombres salieron de la casa, declarando que no nos habían encontrado por ninguna parte. En ese momento, se oyó el mismo silbido que tanto nos asustó a mi madre y a mí mientras contábamos el dinero. Oí que uno de la banda decía:

—Es la señal de Dick. Larguémonos de una vez.

—De eso nada, cobarde. Antes tendremos que buscar a los de la posada.

Algunos comenzaron a buscarnos mientras que los demás paseaban nerviosos por la carretera. Cuando el ciego oyó sus pisadas, los insultó:

—¡Imbéciles! Tenéis millones ante vuestras narices y dudáis.

—¡Pew, ya tenemos los doblones! —gruñó uno.

Cuando el ciego oyó esta respuesta, se encolerizó y comenzó a dar bastonazos a sus compañeros.

Este altercado fue nuestra salvación, pues mientras luchaban no oyeron el galope de unos caballos que se acercaban. Al mismo tiempo, sonó un tiro. Sin duda, aquella era la última señal que advertía a los bucaneros del extremo peligro. Inmediatamente, todos echaron a correr, excepto el ciego. Totalmente desorientado, el ciego Pew corría por el camino y fue a caer bajo los cascos de los caballos.

Me levanté de un salto y grité a los jinetes. Allí estaba el niño que había ido a caballo a buscar al doctor. El oficial supervisor Dance dirigía la patrulla.

El ciego Pew estaba bien muerto. A mi madre, la trasladamos al caserío. Un poco de agua fría le bastó para recobrar el conocimiento. A pesar de todo, seguía lamentándose por el dinero que faltaba.

El oficial Dance me acompañó a la posada. Una vez dentro, no podíamos dar crédito a lo que veíamos: todo estaba destruido y, por consiguiente, estábamos arruinados.

—Si se han llevado el dinero, no consigo entender qué estaban buscando —dijo el oficial Dance.

—Señor —le contesté—, tal vez sea esto que tengo guardado en mi pecho. Por lo que he oído a los bucaneros, debe ser importante. Creo, señor, que debería llevárselo al doctor Livesey.

—¡Perfecto, perfecto! Es un caballero y un magistrado. Además, debo ir a su casa para informarle de lo sucedido. Si quieres, te llevaré conmigo.

Volvimos a pie al caserío donde nos esperaban los caballos. Conté todo lo ocurrido a mi madre y me despedí de ella. A trote largo tomamos la carretera en dirección a la casa del doctor Livesey.

AL LLEGAR A LA POSADA, CERRAMOS LA PUERTA Y ECHAMOS EL CERROJO. EL CUERPO DEL CAPITÁN SEGUÍA EN EL SUELO. TENÍA LOS OJOS ABIERTOS Y UN BRAZO EXTENDIDO.

VACIAMOS EL COFRE DEL CAPITÁN.

MADRE, DÉSE PRISA.

COGERÉ LO QUE ME DEBE.

SALIMOS DE LA POSADA Y MI MADRE SE DESMAYÓ AL VER UNA LUZ.

¡MADRE!

SIETE U OCHO HOMBRES LLEGARON A LA POSADA.

¡BAJAD EL COFRE!

¡ALLÁ VAMOS!

TODOS LOS PIRATAS HUYERON, MENOS EL CIEGO, QUE MURIÓ ARROLLADO POR LOS CABALLOS.

DEBO VER AL DOCTOR.

PUES VENTE CONMIGO.

# CAPÍTULO TRES

# ☠ Los papeles del Capitán ☠

**C**uando llegamos a la casa de doctor Livesey, la criada nos informó que su amo había ido a la mansión del caballero Trelawney para pasar allí la velada.

El oficial Dance dio la orden a sus hombres y nos dirigimos hacia la residencia del caballero.

El sirviente nos condujo a la biblioteca. Allí estaban el caballero Trelawney y el doctor Livesey. El caballero era un hombre alto y ancho. Observando sus cejas espesas, que se movían constantemente, pensé que debía de tener un genio muy fuerte.

Tras lo saludos de rigor, el oficial Dance contó todo lo ocurrido sin olvidar el más pequeño detalle. Al finalizar el relato, tomó la palabra el caballero:

—Es usted un oficial valiente. Y no se preocupe por el atropello del ciego Pew. Por lo que respecta a este joven —y me señaló a mí—, hay que decir que es un mozo decidido.

Después, el doctor Livesey me preguntó:

—¿Entonces, Jim, tú tienes lo que ellos buscaban?

—Sí, señor, aquí está —y le entregué el paquete.

El doctor lo guardó en su casaca y comentó:

—Si no hay inconveniente, Jim Hawkins vendrá a dormir a mi casa. Pero antes, debería cenar algo.

Y así se hizo. Mientras cenaba un magnífico pastel de pichones, oí cómo despedían al oficial Dance. Junto a mí estaban el caballero Trelawney y el doctor Livesey hablando de Flint, el bucanero más famoso de la historia.

Cuando terminé de cenar, el doctor Livesey dijo:

—Ahora, si a Jim le parece, abriremos el paquete.

Afirmé con la cabeza y el doctor sacó de su bolso unas tijeras de cirugía para cortar los hilos. El paquete contenía dos cosas: un libro y un sobre sellado. Abrió el libro y pudimos comprobar que sólo había anotaciones de dinero. Seguidamente, el doctor levantó los sellos del sobre y cayó un mapa. En él aparecían anotados varios datos de la isla: latitud, longitud, nombres de las colinas, bahías y calas. En el mapa se veía que la isla disponía de dos buenos puertos naturales y un monte que aparecía nombrado en el mapa como "Monte del Catalejo". Nos llamaron la atención tres cruces en tinta roja: dos, en la parte norte de la isla, y la tercera, al sudoeste. Al lado de esta señal estaba escrita esta frase: *"La mayor parte del tesoro"*. Al dar la vuelta al mapa, encontramos esta información:

*"Árbol alto, lomo del "Catalejo", en dirección N-NE, un cuarto al norte. El islote del Esqueleto E-SE y un cuarto al este. Diez pies. El lingote de plata se encuentra en el escondite del norte; puede alcanzarse bajando por el montículo del*

este, *diez brazas hacia el sur del peñasco negro que tiene una cara. Se encontrarán las armas fácilmente en la colina de arena, punta N del cabo septentrional del fondeadero, en dirección del E y un cuarto al N."*

Estas anotaciones llenaron de alegría al caballero Trelawney y al doctor Livesey. Muy excitado, el caballero se dirigió al doctor.

—Livesey, a partir de ahora será médico aventurero. Mañana mismo saldré para Bristol. En diez días tendré la mejor nave y la más selecta tripulación. Tú, Hawkins —dijo cogiéndome del brazo—, vendrás como grumete. Yo seré el almirante. Además, llevaremos a Redruth, Joyce y Hunter. Encontraremos el tesoro y seremos inmensamente ricos.

—De acuerdo —dijo el doctor—, pero hay un problema, y es usted, caballero Trelawney. Usted no sabe guardar un secreto. Recuerde que muchos buscan el mapa y están dispuestos a todo. No debemos decir una palabra a nadie sobre este descubrimiento.

—Livesey, seré una tumba —dijo el caballero.

Pasó el tiempo y ninguno de los cálculos de aquella noche se llevó a efecto como pensábamos. Yo me quedé en la mansión a cargo de Redruth, el viejo guarda del caballero Trelawney.

Así pasaron las semanas hasta que llegó una carta de Bristol dirigida al doctor Livesey con esta nota: *"Debe ser abierta, si el doctor está ausente, por Tom Redruth o el joven Hawkins".* La carta decía así:

*"Posada del Ancla Vieja.*
*Bristol, 1 de marzo de 1750.*
*Doctor Livesey.*
*Querido Livesey: Ya he comprado y aprovisionado la nave.*
*Es una goleta de 200 toneladas. Se llama* Hispaniola. *La*

conseguí gracias a mi amigo Blandy, que trabajó con entusiasmo, al igual que todo el mundo, al enterarse del objetivo del viaje.

He contratado la tripulación. La forman veinte hombres. Me costó mucho encontrar a los seis primeros, pero tuve la fortuna de dar con el hombre que necesitaba. Es un antiguo marinero, y como ahora tiene una taberna, conoce a todos los marinos de Bristol. Puesto que desea volver a la mar, le contraté como cocinero. Se llama Long John Silver. Le falta una pierna. Aquel día no encontré sólo un cocinero sino una tripulación.

Posdata: Olvidaba decirle que Blandy enviará una nave en nuestra búsqueda si no hemos regresado a finales de agosto. Él ha buscado un excelente capitán para la nave. Es un hombre muy severo. El segundo de a bordo se llama Arrow y lo ha encontrado Silver. También le diré que Silver es un hombre ahorrador. La gente me ha dicho que posee cuenta en el banco."

A la mañana siguiente fui con Tom Redruth a ver a mi madre y la encontré muy animada. El caballero Trelawney había costeado los arreglos de la posada y, además, había buscado un muchacho para que la ayudase en mi ausencia. Pasamos la noche en la posada y, al día siguiente, después de comer, me despedí de mi madre. Me acordé del Capitán, que había paseado tantas veces a lo largo de la playa.

Al anochecer, la diligencia nos recogió en el "Royal George". El viaje fue atroz. Cuando desperté, estábamos en una ciudad desconocida. Restregándome los ojos, pregunté:

—¿Dónde estamos?

—En Bristol —dijo Tom—. Baja ya de una vez.

Nos dirigimos a buen paso a una posada del puerto. Allí se alojaba el caballero Trelawney para supervisar mejor las obras de la goleta. El espectáculo del puerto me resultó fascinante. Mientras andábamos, iba yo soñando con el viaje, la isla y el tesoro. De pronto, una voz conocida me devolvió a la realidad. Era la del caballero Trelawney:

—¡Por fin habéis llegado! El doctor llegó anoche de Londres. ¡Ya estamos al completo!

—¿Cuándo zarparemos? —pregunté.

—¡Zarparemos mañana!

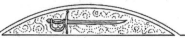

SIRVIENTE NOS CONDUJO AL OFICIAL DANCE Y A MÍ A LA BIBLIOTECA DEL CABALLERO TRELAWNEY, QUE ABLABA ANIMADAMENTE CON EL DOCTOR LIVESEY.

EL OFICIAL DANCE CONTÓ LO OCURRIDO CON LOS PIRATAS.

GRACIAS, CABALLERO.

ES USTED UN VALIENTE.

ABRIMOS EL PAQUETE.

¿SON VALIOSOS ESTOS DOCUMENTOS?

¡TANTO, QUE EMBARCAREMOS!

TOM Y YO FUIMOS A BRISTOL.

¿QUÉ SUCEDE?

YA HEMOS LLEGADO.

EN EL PUERTO NOS ENCONTRAMOS CON EL CABALLERO TRELAWNEY.

¿CUÁNDO ZARPAREMOS?

ZARPAREMOS MAÑANA.

CAPÍTULO CUATRO

# En la posada de "El Catalejo"

Después de desayunar, Trelawney me dio una nota para John Silver. Fui hasta la posada de "El Catalejo" atravesando la línea de los muelles. Siguiendo las indicaciones, llegué a la taberna. Era un lugar agradable.

Marineros de todas las edades fumaban y bebían. No necesité mucho tiempo para identificar a Long John. Su pierna izquierda estaba amputada a la altura de la cadera y llevaba bajo el brazo una muleta que manejaba con soltura. Era alto y robusto, y hablaba y sonreía a todo el mundo.

No puedo ocultar que tuve miedo desde que leí la carta de Trelawney. Temía que fuese el pirata que esperaba el Capitán. Pero la verdad es que al verle, tan limpio y amable, no dudé: Long John Silver no era el malvado de mis pesadillas. Me acerqué a él.

–¿Es usted el señor Silver?

–Sí, muchacho. Así me llamo. ¿Y quién eres tú?

Al ver la carta del caballero Trelawney, no esperó mi contestación.

–Tú eres mi grumete. Encantado de conocerte.

En ese mismo instante, un cliente se levantó y se dirigió velozmente a la puerta. Se trataba de aquel bucanero al que le faltaban dos dedos.

–¡Detenedle! –grité–. ¡Es Perro Negro!

–No me interesa quién es, pero no ha pagado la cuenta. Harry, cógelo.

Un hombre que estaba junto a la puerta se levantó de un salto e inició la persecución.

–¿Quién era? –me preguntó Long John Silver.

–Perro Negro, señor –respondí–. ¿No le ha hablado el caballero Trelawney de los bucaneros? Perro Negro es uno de ellos.

–¿De verdad? –me preguntó Silver asombrado–. Ben, corre a echar una mano a Harry y no volváis sin él –entonces Silver llamó al marinero que había estado bebiendo con Perro Negro y lo interrogó–. ¿Conocías a ese hombre? ¿Sabes su nombre?

–No, señor. No lo había visto jamás.

Mientras Morgan volvía a su sitio, Silver, en un tono confidencial, me dijo:

–Ése es Morgan, un hombre honesto, aunque un poco tonto –y apoyando el dedo índice en la cabeza, como si pensase, continuó hablando–. Si lograran detener a Perro Negro le daríamos una buena noticia al caballero Trelawney.

Mientras decía todo esto, iba de un lado a otro de la taberna. Se le veía nervioso e indignado. Cuando llegaron Harry y Ben, con la lengua fuera, y confesaron que Perro Negro se les había escapado, Long John se enfureció:

–¡Inútiles! ¿Para qué os sirve tener dos piernas? ¡Idiotas!

Después de muchos improperios se calmó. En un tono confidencial, me dijo:

—Espero, Hawkins, que no hables demasiado mal de mí a tu gente. Sé que no tienes un pelo de tonto. Ahora tenemos que irnos. Vamos a zarpar. Cogeré mi viejo sombrero de tres picos.

Cuando atravesamos los muelles para ir hasta la posada, Long John me habló de las distintas naves que veíamos, de sus aparejos, de su tonelaje...

En la posada, nos esperaban el caballero Trelawney y el doctor Livesey. Long John les contó lo sucedido en su taberna sin omitir detalle. Los dos señores no dieron mayor importancia al asunto. Cuando Long John se iba, gritó desde la puerta:

—Que la tripulación esté a bordo a las cuatro.

Durante el trayecto hacia la *Hispaniola,* el doctor felicitó al caballero:

—Debo admitir que John Silver me parece un buen hombre y un marinero experto. Te felicito.

Cuando llegamos al costado de la *Hispaniola,* el primer oficial, el señor Arrow, vino a saludarnos. Era éste un viejo marinero bizco y con pendientes en las orejas. Si bien este marinero agradaba al caballero Trelawney, observé que no sucedía lo mismo con el capitán Smollett. El capitán, hombre muy severo, no estaba a gusto con lo que pasaba en la embarcación:

—Creo que ya es hora de que hable claramente —dijo el capitán Smollett—. Señores, no me gusta este viaje, ni mi piloto, ni la tripulación.

—Capitán —volvió a preguntarle Trelawney—, ¿le gusto yo, su patrón?

—Un momento —intervino el doctor Livesey—. Esas preguntas sólo sirven para crear rencor. Puesto que el capitán está a disgusto con el viaje y la tripulación, creo que debe hablar.

Gracias, señor —dijo Smollett dirigiéndose al doctor—. Me contrataron bajo "órdenes selladas" para dirigir el barco dónde ustedes ordenen. Pero cuál es mi sorpresa al comprobar que toda la tripulación sabe lo mismo o más que yo. Me he enterado por mis marineros que vamos en busca de un tesoro. Señores, se están jugando la vida y no son conscientes del peligro.

—Le agradezco su claridad —respondió el doctor Livesey—. Pero, ¿qué tiene en contra de la tripulación?

—No me agradan, señor —respondió el capitán.

—Entonces, capitán Smollett, díganos todo lo que considere conveniente para emprender este viaje —propuso el doctor.

—Hay que cambiar de lugar la pólvora y las armas. Las han colocado en la bodega de proa, y las deben poner bajo la cámara. En segundo lugar, cuatro hombres de su confianza deberán dormir junto a la cámara para vigilar las armas y la pólvora.

—¿Alguna cosa más, capitán Smollett? —preguntó el caballero Trelawney.

—Sí. Se habla de que poseen el mapa de una isla. Escóndanlo bien. Si no es así, permítanme que dimita ahora de mi cargo.

—Usted teme un motín —dijo el doctor.

—Señor, yo no he dicho eso —respondió el capitán—. Sólo quiero que entiendan que soy el responsable de este barco y de las vidas que van en él.

Se hizo todo lo que el capitán ordenó. Trabajamos duro para trasladar la pólvora. Estábamos acabando, cuando llegaron a bordo, en un bote, los dos últimos marineros y Long John quien, admirado de lo que veía, dijo:

—¿Se puede saber qué hacéis? Si nos entretenemos, perderemos la marea de la mañana.

—Son órdenes mías —replicó el capitán bruscamente—. En cuanto a usted, vaya a hacer la cena, porque la tripulación querrá cenar —y fijándose en mí, me ordenó—. ¡Eh, tú, grumete, vete con él y que te dé trabajo!

En ese momento odié con todas mis fuerzas al capitán.

# CAPÍTULO CINCO

# ☠ EL VIAJE ☠

**D**urante aquella noche estuvimos muy ocupados cargando los víveres en la goleta. Allí estaba yo a punto de iniciar un fantástico viaje. Después de que los marineros colgasen el ancla en la proa, las velas comenzaron a coger viento. Poco a poco, la ciudad de Bristol comenzó a quedar atrás.

El viaje transcurría con normalidad y sólo hubo problemas con Arrow y sus borracheras. Una noche de mar agitada y de terrible embriaguez, desapareció sin dejar rastro.

Como nos quedamos sin piloto, el cargo le tocó al contramaestre Job Anderson. Otro marinero que llamó mi atención fue el timonel Israel Hands, con el que se podía hablar de temas muy variados. Era muy amigo de Barbecue o, lo que es lo mismo, de Long John Silver, y me contaba cosas formidables de su vida. Tal vez el timonel exageraba, pero Silver sabía cómo hablar y qué decir a cada persona. Por otra parte, era un buen cocinero. Conmigo fue siempre muy cariñoso. Me solía decir:

—Pasa, Hawkins. Ven a ver al *Capitán Flint*. Le llamo así en recuerdo de un famoso bucanero.

El loro siempre repetía lo mismo:

—"Piezas de a ocho, piezas de a ocho".

—¿Sabes por qué dice lo de "piezas de a ocho"? Porque allí estaba él cuando sacaron del mar unos galeones cargados con estas monedas de plata.

La tripulación parecía contenta. Con cualquier motivo se doblaba la ración de ron. Además, siempre estaba abierto un barril de manzanas para que cada cual tomase las que quisiese. Estas generosas iniciativas partían de Trelawney, pero el capitán manifestaba su total desacuerdo.

Navegamos días y noches con la fuerza de los vientos alisios. Según los cálculos, ésa era la última noche de nuestra travesía.

Después de terminar mi trabajo, al ponerse el sol, me dirigí a mi camarote. Pero cambié de idea, porque me apetecía una manzana. Como apenas quedaban manzanas, tuve que meterme en el tonel para coger una. Arrullado por el balanceo del mar, me quedé dormido dentro. De pronto, me despertó el murmullo de unas voces. Agucé el oído y reconocí la de Silver. Con tan sólo unas palabras, pude comprender que la vida de los hombres honestos de la tripulación corría serio peligro.

—Yo sólo he estado con England y con Flint —dijo Silver—. Ahora voy por libre. Con England ahorré novecientas libras y con Flint guardé dos mil. Todo el dinero está bien seguro en el banco. Chicos, lo importante no es lo que se gana sino lo que no se gasta. El viejo Pew, el ciego, gastó en un año todo el dinero y después pidió limosna.

No sé si podéis imaginar cómo me sentía. Tiritaba de miedo y me castañeteaban los dientes.

—A los bucaneros —siguió Long John—, nos llaman caballeros de fortuna, pero casi todos viven mal y con el temor de acabar en la horca. Eso no es vida. Cuando acabe esta travesía seré caballero de verdad.

—Aquí llega Dick. Está con nosotros, muchachos —dijo la voz de otro marinero.

—Barbecue —tomó la palabra Israel—, estoy harto de no poder comer y beber lo que me dé la gana.

—Israel —dijo Silver—, escucha bien. Trabajarás como nunca has trabajado y no te emborracharás hasta que dé la señal. ¡No lo olvides, idiota!

—¿Y cuándo darás la señal? —gruñó el timonel.

—¡Por todos los diablos! —gritó Silver—. La daré lo más tarde posible. Tenemos un capitán de primera. Por otra parte, el caballero Trelawney y el doctor tienen el mapa. Hay que dejarlos que encuentren el tesoro y lo traigan a bordo. Volveremos con ellos y, a la mitad del viaje, daremos el golpe.

—¿Para qué esperar tanto? —preguntó Dick—. Todos sabemos llevar un barco.

—Podemos seguir un determinado rumbo —contestó Silver enojado—, pero, ¿quién sabe marcarlo? Nadie sabe marcar el rumbo. Os conozco muy bien. Os emborracharéis, los mataréis para apoderaros del tesoro y todo se irá al diablo. Me da asco hacer planes con vosotros.

Silver se calló y, de pronto, escuché una orden que me paralizó:

—Dick, tráeme una manzana para refrescarme el gaznate.

Oí como Dick se acercaba, pero Israel le detuvo a tiempo:

—¡Olvida esa basura! Tomemos un trago de ron.

Durante el tiempo que faltó Dick, sólo oí con claridad esta frase: "Estamos los que estamos. Nadie más quiere unírsenos." Cuando llegó Dick, cada cual cogió su jarra. Brindaron por Flint y por ellos. En ese instante, el grito del vigía rompió el silencio de la noche:

—¡Tierra a la vista!

Un tumulto de pisadas resonó en la cubierta. Aprovechando la confusión, salí de mi escondite. Toda la tripulación estaba reunida allí. En la lejanía se divisaban dos montañas bajas y una más alta.

Tenía la sensación de soñar. El capitán Smollett, el caballero Trelawney y el doctor Livesey charlaban animadamente. No me atrevía a interrumpirlos. Entonces, me llamó el doctor. Quería que fuese a buscarle la pipa. Me acerqué a él y le dije:

—Tengo malas noticias. Busquen una buena disculpa para que me reúna con ustedes.

Al instante, el capitán ordenaba a Job Anderson que reuniera a la tripulación en cubierta.

—Muchachos —dijo el capitán—, el caballero Trelawney os invita a un trago de ron por haber cumplido con vuestro deber. Pero antes de irnos, os invito a que lancéis un "hurra" por él.

Tras la aclamaciones, los tres caballeros bajaron al camarote. A continuación, mandaron a buscarme. Cuando llegué, estaban los tres sentados alrededor de una mesa.

En pocas palabras, conté la conversación de Silver con los marineros. Cuando acabé, el capitán se dirigió a todos los allí presentes:

—Con el permiso de todos, expondré la situación en que nos encontramos. Tenemos que seguir. Si damos la vuelta, todos se sublevarán. Por tanto, seremos nosotros los que ataquemos cuando menos lo esperen. Sumando los tres sirvientes del caballero Trelawney a los que estamos aquí, somos siete. Pues bien, señores —continuó el capitán—, no iniciaremos la lucha hasta que no sepamos cuántos hombres están a nuestro lado. El muchacho tiene que adivinar, en el menor tiempo posible, con cuántos hombres contamos.

Estaba angustiado. La tarea era difícil. ¿Qué podrían hacer seis adultos y un niño contra diecinueve malvados?

# CAPÍTULO SEIS

# ✶ MI PRIMERA ✶ AVENTURA EN LA ISLA

**L**a mañana siguiente no paramos de trabajar. Como no había viento, tuvimos que lanzar varios botes para remolcar el barco hasta el fondeadero, situado tras el islote del Esqueleto. Me ofrecí para ir en uno de ellos. Los marineros no paraban de protestar. Me pareció mala señal, porque hasta entonces habían realizado sus tareas con buena voluntad.

Nos detuvimos en el lugar señalado en el mapa con un ancla. El fondeadero olía a agua estancada. El doctor se puso a olfatear y dijo:

—No sé si en la isla hay un tesoro, pero estoy seguro de que muchos cogerán unas buenas fiebres.

La conducta de los marineros empeoró cuando volvieron a bordo. El motín sobrevolaba sobre nuestras cabezas como un pesado nubarrón.

No sólo estábamos preocupados nosotros. Long John estaba tan nervioso que decidimos reunirnos.

—Señores —dijo el capitán—, estamos atados de pies y manos. Sólo hay una solución: fiarnos de Silver. Él tampoco quiere un motín. Démosle la oportunidad de que tranquilice a sus hombres. Concederé permiso a la tripulación para que pasen la tarde en tierra. Si se marchan todos, tomaremos la nave. Si todos se quedan, nos defenderemos desde esta cámara.

El capitán nos repartió pistolas cargadas y luego fue a cubierta a conceder el día libre a la tripulación.

El capitán desapareció dejando a Silver al mando de los marineros. Tras largas deliberaciones se organizó la expedición. Seis hombres se quedaron a bordo y los restantes, con Silver a la cabeza, comenzaron a subir a los botes.

Viendo que se quedaban tantos hombres de Silver a bordo, y que nada podíamos intentar, decidí ir a tierra con los insurrectos. Cuando llegamos a la playa, salté del bote y me escabullí entre los árboles. A lo lejos, oía a Silver que gritaba mi nombre.

Me sentía feliz: había escapado de las garras de Long John Silver. Decidí explorar la isla. Me puse a andar y llegué a una gran ciénaga poblada de cañaverales. Un entrechocar de cañas detuvo mi paso. Enseguida me tranquilicé. Vi que un pato silvestre acababa de levantar el vuelo. Al rato, me pareció oír algunas voces. Estaba aterrorizado.

Una de las voces era la de Silver. Gateé entre los arbustos. Cerca del pantano, vi a Silver hablando con otro hombre. Con tono suplicante, le decía:

—Tom, te aprecio. Quiero salvar tu pescuezo.

—Silver —dijo el otro—, prefiero perder una mano antes que dejar de cumplir con mi obligación.

De repente, se oyó un alarido largo y espantoso.

—¡Silver! —exclamó el marinero—. ¿Qué es eso?

—Supongo que fue Alan —contestó Silver.

—¡Alan! —gritó Tom—. Descanse en paz. Sé que a mí me espera su misma suerte, pero moriré cumpliendo con mi deber. Mátame, te desafío.

Sin más palabras, Tom le dio la espalda. Entonces, Silver arrojó su muleta contra el indefenso marinero. El hombre gritó, alzó sus manos y cayó al suelo. Silver corrió hacia su víctima y le clavó su cuchillo, una y otra vez, hasta la empuñadura.

Sentí que todo daba vueltas a mi alrededor. Tenía miedo. ¿Llegarían nuevos hombres? ¿Sería yo la tercera víctima? Sin pérdida de tiempo me arrastré silenciosa y rápidamente. En cuanto salí del bosquecillo, corrí como alma que lleva el diablo. Llegué al pie del montículo de las dos cimas. Me detuve y respiré tranquilo. Estaba sentado al pie de la ladera, cuando un reguero de piedras comenzó a caer entre los árboles. Volví la cabeza y vi una figura que saltaba con rapidez. Me quedé inmovilizado por la sorpresa.

Di media vuelta y tomé el camino de los botes. Inmediatamente, la extraña criatura me cortó el paso. Era inútil huir. De pronto, me acordé que no estaba tan indefenso: tenía una pistola cargada. Lleno de valor, fui en su busca.

La extraña criatura salió a mi encuentro. Lo primero que hizo fue arrodillarse ante mí.

—¿Quién eres? —le pregunté.

—Soy el pobre Ben Gunn y hace más de tres años que no hablo con un cristiano.

Pude ver que era un hombre como yo. Su piel y sus labios, quemados por el sol, contrastaban con el azul de sus ojos.

—Entonces, ¿eres un náufrago? —le pregunté.

—No, fui "largado" —me contestó.

No era la primera vez que oía esa expresión. "Largar a alguien" era un castigo habitual entre los piratas. El condenado era abandonado en una isla perdida con un poco de pólvora y municiones.

—Me largaron hace tres años y, aunque no paso hambre, siento unas ganas enormes de comer queso. Muchacho, ¿no llevarás en el bolso un trozo?

—Si consigo volver a bordo, te prometo que tendrás queso en cantidad.

—¿Cómo te llamas?

—Jim —le respondí.

—Oye, Jim, aquel barco no será de Flint, ¿verdad?

—No, Flint ha muerto. Pero muchos de sus hombres están en ese barco.

—¿Hay un hombre con una sola pierna?

—Sí, hay uno y se llama Silver —le respondí.

—Si Silver te envía, soy hombre muerto, pero tú no correrías mejor suerte.

Como le veía muy preocupado, le conté mi historia de cabo a rabo. Me escuchó con interés y después me contó la suya.

—Yo estaba en la nave de Flint cuando éste enterró el tesoro con seis marineros. A los siete días, Flint volvió solo. Los seis hombres murieron y nadie supo cómo ni por qué. En aquel barco, Silver era el cabo de mar, y Bill Bones, el segundo de a bordo.

Cuando le preguntaron en qué lugar estaba el tesoro, él señaló esta isla y dijo: "Podéis ir, pero esta nave se va". Navegaba en otro barco, cuando pasamos por la isla. Conté a los marineros que allí estaba el tesoro de Flint y desembarcamos. Lo buscamos durante dos semanas pero no lo encontramos. Un buen día, todos embarcaron y me dejaron aquí.

Como me vio pensativo, me preguntó:

–¿Por qué estás preocupado?

–Pienso en cómo voy a volver a bordo.

–¡Pues está claro! –exclamó–. Yo tengo un bote guardado en la Roca Blanca. Si se presenta la ocasión, podemos intentarlo. ¿Qué es ese ruido?

–¡Ha empezado la batalla! –grité–. Sígueme.

Al cañonazo le siguieron descargas de armas cortas. Seguimos andando y, de pronto, vimos la bandera inglesa, la *Union Jack*, ondeando en el aire por encima del bosque.

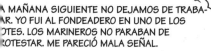

A MAÑANA SIGUIENTE NO DEJAMOS DE TRABA-
AR. YO FUI AL FONDEADERO EN UNO DE LOS
OTES. LOS MARINEROS NO PARABAN DE
ROTESTAR. ME PARECIÓ MALA SEÑAL.

¡ESTAMOS HARTOS DE TRABAJAR!

¡QUEREMOS RON!

EL CAPITÁN HABLÓ CON LA TRIPULACIÓN.

TENÉIS EL DÍA LIBRE.

¡HURRA!

FUI A TIERRA CON LOS INSURRECTOS
Y VI CÓMO SILVER MATABA A UN MARINERO LEAL.

¡OH!

DESPUÉS ME ENCONTRÉ A UN SER
EXTRAÑO.

¿QUIÉN ERES?

SOY BEN GUNN.

HABLABA CON BEN GUNN, CUANDO EMPEZÓ
LA BATALLA.

¡VAMOS!

TE SIGO, JIM.

# CAPÍTULO SIETE

# ☠ EL DOCTOR LIVESEY ☠ CONTINÚA EL RELATO

A la una y media de la tarde, los dos botes se fueron a tierra. El capitán, el caballero Trelawney y yo planeamos atacar a los seis marineros de Silver que estaban a bordo y, después, alejar el barco de la costa. Pero nada pudimos hacer. Esa tarde no había una brizna de viento. Y, para colmo, Hunter nos dijo que Jim se había ido a la isla con los insurrectos.

Estar con los marineros de Silver resultaba insoportable. Por eso decidimos que Hunter y yo iríamos con el esquife a tierra para obtener información.

Remamos en línea recta en dirección al fortín, según se señalaba en el mapa. Salté a tierra. Hacía mucho calor. No había andado ni cien yardas cuando alcancé la empalizada. Un arroyo de agua clara nacía en la cima de un cerro en el que se levantaba una tosca casa hecha con troncos.

En ese momento, resonó por toda la isla el grito de un hombre herido de muerte. Mi primer pensamiento fue: "Han matado a Jim". Corrí hacia la orilla y subí al bote. Como Hunter era un buen remero, tardamos poco tiempo en llegar a la goleta.

En la goleta también habían oído el alarido. El capitán me comentó:

—Uno de los desleales casi se desmaya al oír el grito. Le aseguro que se unirá a nosotros.

Tras exponer mi plan al capitán, iniciamos los preparativos. Hunter fue a por el bote. Joyce y yo lo cargamos con mosquetes, latas de pólvora, galletas, carne de cerdo, barriles de coñac y mi botiquín. Mientras tanto, Trelawney y el capitán permanecían en cubierta. El capitán Smollett dijo al timonel:

—¡Eh, Hands! El caballero y yo estamos armados. Si alguno de vosotros se mueve, es hombre muerto.

Tocamos tierra y nos pusimos a trasladar las provisiones. Vaciado el esquife, Joyce y Hunter se quedaron defendiendo el fortín. Yo volví con el bote hacia la goleta.

Nuevamente, cargamos el esquife. Redruth y el caballero Trelawney ya estaban en el bote. Esperábamos al capitán cuando le oímos decir:

—Abraham Gray, ¿me oyes? Yo abandono esta nave y te ordeno, como capitán, que me sigas.

Tras un estrépito, Abraham Gray apareció ante el capitán con una cuchillada en la mejilla.

Los dos saltaron al bote y comenzamos a bogar. El esquife iba sobrecargado peligrosamente y el agua entraba por la proa. Por si las desgracias eran pocas, la marea nos arrastraba y nos alejaba de nuestro rumbo. De pronto, el capitán gritó:

—¡El cañón!

Allí estaban los cinco desalmados intentando dispararnos. Éramos un blanco perfecto para los marineros de la goleta. El capitán preguntó:

—¿Quién de vosotros es el mejor tirador?

—El caballero Trelawney —respondí.

—Pues, caballero, mate a uno de esos hombres.

El cañón de la goleta apuntaba hacia nosotros y Hands permanecía en la boca del cañón. Cuando Trelawney disparó, Hands bajó la cabeza y la bala pasó por encima, alcanzando a uno que se encontraba detrás de él. El grito del herido puso en alerta a los piratas de la playa, pues vimos cómo todos salían de los árboles e iban hacia las lanchas.

—Viene una lancha, capitán —avisé.

—¡A toda marcha! —exclamó el capitán—. Si no llegamos pronto a tierra, seremos hombres muertos. Necesitábamos treinta o cuarenta remadas para llegar a la playa y el cañón disparó contra nosotros. El proyectil debió pasar por encima de nuestras cabezas. El viento que originó fue la causa de nuestros desastres. El bote se hundió, dejándonos al capitán y a mí, de pie, frente a frente. Los otros tres compañeros cayeron al agua con sus mosquetes.

Vadeando, llegamos a tierra. No tuvimos que lamentar otro daño que la pérdida de las provisiones y la de tres de los cinco mosquetes. Sólo el capitán y yo seguíamos armados.

Los bucaneros nos pisaban los talones cuando cruzamos el bosque. Ante el peligro, dije al capitán:

—Déle su mosquete a Trelawney, pues el suyo está inservible por el agua.

Proseguimos la marcha. Alcanzamos el recinto en el mismo instante en que siete insurrectos aparecían dando fuertes gritos. Trelawney y yo disparamos contra ellos; seguidamente, lo hicieron Hunter y Joyce desde el fortín. Un bucanero cayó al suelo y los otros huyeron a esconderse entre los árboles.

Nos felicitábamos por nuestra buena suerte, cuando se oyó un disparo que provenía del bosque. La bala silbó cerca de mi oreja. Tom Redruth dio un traspiés y se desplomó. La bala le había atravesado el corazón.

Cuando dejamos a Tom en el fortín, Trelawney se arrodilló a su lado. Tom me preguntó:

—¿Me muero, doctor?

—Amigo mío, vas a donde todos iremos.

Entretanto, vi como el capitán sacaba de sus bolsos un sinfín de objetos: una bandera británica, una Biblia, un rollo de cuerda, una pluma, tinta... Cogió un abeto que había en el fortín y lo subió al tejado. Sobre el palo del abeto, colocó la bandera. Al volver, recontó las provisiones. Cuando observó que Tom había muerto, se acercó con otra bandera y la tendió sobre su cuerpo. Tras consolar al caballero Trelawney por la pérdida de su sirviente, me dijo:

—¿Cuántas semanas faltan para que llegue el barco de socorro?

—No es cuestión de semanas, sino de meses.

—Pues la cosa no va a ser fácil. Hemos perdido los víveres y los que tenemos no son suficientes.

Durante aquella tarde, no pararon de dispararnos desde la *Hispaniola*. Cuando supusimos que se les había acabado la munición, salimos a recoger las provisiones perdidas en la playa. Pero fue en balde, los rebeldes ya se habían apoderado de ellas.

Ante la noticia, el capitán se sentó a escribir en su diario de navegación:

"*Alexander Smollett, capitán; David Livesey, médico; Abraham Gray, ayudante de carpintero; John Trelawney, armador; John Hunter y Richard Joyce, sirvientes del armador y hombres de tierra, somos los tripulantes de la nave que permanecemos fieles. Nuestras provisiones durarán diez días, a media ración por persona. Thomas Redruth, sirviente del armador, fue muerto por los amotinados. James Hawkins, grumete...*"

Y en aquel instante en que me preguntaba por la suerte de Jim, oímos una voz que nos resultó familiar. Corrí hacia la puerta, y vi al muchacho que trepaba por la empalizada y saltaba dentro.

EL FORTÍN ERA UNA CASA HECHA CON TRONCOS. VOLVÍA PARA EL BOTE, CUANDO OÍ UN GRITO ESTREMECEDOR.

¡HAN MATADO A JIM!

¡¡¡AAAAAAAH...!!!

LLEVÁBAMOS LAS PROVISIONES AL FORTÍN, CUANDO NOS DISPARARON CON EL CAÑÓN DE LA GOLETA.

¡NOS HUNDIMOS!

¡DEPRISA, A TIERRA!

LOS PIRATAS DISPARARON CONTRA TOM.

SÍ, AMIGO.

¿ME MUERO, DOCTOR?

EL CAPITÁN SUBIÓ LA BANDERA AL TEJADO.

OÍMOS UNA VOZ FAMILIAR.

¡ES JIM!

# CAPÍTULO OCHO

# ☠ Jim Hawkins ☠
## Reanuda la narración

Al divisar la bandera, Ben Gunn me agarró por un brazo y me dijo:

—Mira, allá están tus amigos.

—Tal vez sean los amotinados —contesté.

—¡Imposible! —exclamó—. Los piratas ondearían el *Jolly Roger*.

Una fuerte explosión interrumpió nuestra conversación. Al instante, corríamos cada uno en dirección opuesta.

El sol acababa de ponerse y me encontraba todavía lejos de la empalizada. Luego anduve en círculo a través de los árboles hasta que, por fin, alcancé la parte trasera del fortín. Me invadió una gran alegría al ver a todos mis amigos y recibir una calurosa bienvenida.

Después de contar mi historia, examiné el fortín. El aire entraba por entre las grietas y derramaba una lluvia de arena. El humo no podía salir por la chimenea, y nos hacía toser y llorar sin descanso. A este acogedor ambiente había que añadir el cadáver de

Redruth y que Gray, el nuevo aliado, tenía vendada la cara por la cuchillada que sus compañeros le dieron al despedirse.

Aunque todos estábamos cansados, el capitán no nos dejaba parar. Unos fueron a recoger leña; otros, a cavar la fosa, y yo me quedé de centinela en la puerta.

Antes de cenar enterramos a Tom. Tras permanecer un rato junto a su tumba, volvimos a la casa. Cenamos una ración de carne de cerdo y, después, los tres jefes se reunieron.

Según oí, nuestro gran problema eran las provisiones. Tan escasas eran que tendríamos que rendirnos o morir de hambre. La única alternativa era acabar con los bucaneros. De diecinueve que eran, sólo quedaban quince. De estos quince, dos estaban heridos.

Esto es lo último que escuché. Me dormí como un tronco. Cuando al día siguiente me desperté, lo primero que oí fue gritar a alguien:

—¡Bandera de tregua!

Y, a continuación, una exclamación:

—¡Es Silver!

El capitán nos dio las órdenes oportunas para que ocupásemos nuestros puestos y se dirigió a Long John y a su acompañante.

—No tengo nada que hablar con ustedes. Si tú tienes algo que decir, acércate. Por nuestra parte no habrá ninguna traición.

Silver avanzó hacia la empalizada y subió la ladera del cerro. Llegó ante el capitán y lo saludó tan ceremoniosamente que éste le dijo:

—Empieza de una vez.

—Pues vamos al grano —dijo Silver—. Ustedes nos darán el mapa para que podamos encontrar el tesoro. Y, además, no dispararán sobre mis marineros. A cambio, repartiremos los víveres con ustedes.

—Ahora, escúchame a mí —dijo el capitán Smollett—. No tenéis nada que hacer. No encontraréis el tesoro, y no nos venceréis porque lucharemos hasta aniquilaros. ¡Largo de aquí!

—Antes de una hora —dijo Silver fuera de sí—, aplastaré este viejo fortín.

Cuando los dos malhechores se fueron, el capitán regresó a la casa y nos informó:

—Según ha dicho, antes de una hora nos van a atacar. Os recuerdo que su grupo es más numeroso. Creo que no es preciso deciros que nosotros estamos atrincherados y que pelearemos con disciplina.

No ocurrió nada durante bastante tiempo. De improviso, Joyce levantó su mosquete y disparó. La explosión fue contestada inmediatamente desde fuera. Luego, se hizo el silencio.

La parte norte del fortín era la más atacada. De repente, un grupo de piratas salió del bosque. Al mismo tiempo, abrieron fuego desde la maleza. Los asaltantes treparon por la empalizada como monos. Trelawney y Gray no dejaban de disparar. Vimos caer a tres. De los tres, uno, más asustado que herido, se levantó y huyó.

Los cuatro que lograron pasar la empalizada se dirigieron al fortín. A pesar de que disparamos contra ellos, ningún proyectil dio en el blanco. En un momento, los cuatro piratas subieron al cerro y se echaron sobre nosotros.

Instantes después, un pirata golpeó a Hunter, y éste cayó desmayado. Entre tanto, un segundo pirata entró por el portal del fortín y amenazó con su machete al doctor. Estábamos perdidos.

—¡Salid, muchachos, salid afuera a pelear con vuestros machetes! —nos gritaba el capitán.

Agarré rápidamente un machete y corrí hacia la puerta. Enfrente vi al doctor, que perseguía a su agresor. Vi cómo lo derribaba y lo hería.

—¡Dad la vuelta a la casa, muchachos! —las nuevas órdenes del capitán tenían un tono distinto.

Cuando doblaba la esquina este del fortín, me encontré con Anderson. Lanzó un grito y vi como brillaba su machete. Salté de costado, di un traspiés en la arena y caí rodando de cabeza cuesta abajo.

En el breve tiempo que tardé en ponerme de pie, la batalla había terminado y la victoria era nuestra. Tal y como me lo dijeron os lo cuento.

Gray, que me seguía de cerca, derribó a Anderson. Otro pirata fue herido de bala cuando intentaba disparar hacia el fortín. Un tercer enemigo fue despachado por el doctor. De los cuatro que escalaron la empalizada, sólo uno quedaba vivo.

Poco después entré con el doctor en el fortín y observamos cuál había sido el precio de nuestra victoria. Hunter yacía sin sentido, Joyce tenía una bala en la cabeza y el capitán Smollett estaba herido.

—¿Han huido todos? —preguntó el capitán.

—Todos los que han podido —contestó el doctor—, pero cinco jamás volverán a correr.

—Bueno, eso está bien —exclamó el capitán—. Cinco han perdido ellos, y tres, nosotros. Quedamos cuatro contra nueve. La cosa se va nivelando.

El pirata murió mientras el doctor le extraía la bala. Hunter, también entregó su alma a Dios.

Las heridas del capitán eran importantes, pero no graves. La bala de Anderson le había roto la paletilla y rozado el pulmón. El doctor aseguró que se recuperaría si guardaba reposo absoluto.

Después de comer, el doctor y el caballero Trelawney se sentaron al lado del capitán para cambiar impresiones. Poco después, el doctor se dirigió al bosque con el mapa, sus pistolas y un machete.

Gray estaba desconcertado. No entendía nada. Para tranquilizarlo, le dije:

—Creo que el doctor Livesey va a ver a Ben Gunn.

# CAPÍTULO NUEVE

# ☠ La aventura en el mar ☠

E l ambiente dentro del fortín era tan agobiante que pronto empecé a imaginarme aventuras magníficas en el bosque y en la playa. En aquel momento sentí un profundo asco hacia aquel lugar. Una repulsión mayor que mi miedo. La repugnancia siguió creciendo mientras fregaba el suelo y los cacharros. Así que cuando me encontré ante un saco de galletas, me llené los bolsillos, y di el primer paso hacia una nueva aventura. Era necesario tomar precauciones. Acto seguido, me adueñé de un par de pistolas.

Mi proyecto era bien sencillo: coger el bote de Ben Gunn y dar un paseo por el mar. Como sabía que no me darían permiso, no lo pedí. Así que decidí despedirme a la francesa. Aproveché un momento en que nadie se fijaba en mí y crucé el porche en dirección a la maleza.

Al llegar al bosque me asaltaron los remordimientos. Ésta era mi segunda locura, mucho peor que la primera, porque dejaba el fortín con sólo dos hombres sanos. Pero seguí avanzando. Mis pasos me llevaron hacia la costa oriental, así los bucaneros no podrían verme desde el fondeadero. El sol comenzaba a caer y se había levantado un vientecillo frío. Miré el mar. Las olas rompían contra la costa con enorme ímpetu.

Cuando creía que ya había avanzado bastante al sur, me arrastré cautelosamente entre los arbustos para alcanzar la cresta del banco de arena. El mar abierto se encontraba a mis espaldas, y de frente, tenía el fondeadero. La brisa parecía calmarse y comenzaron a levantarse grandes bancos de niebla. El fondeadero permanecía tranquilo. La *Hispaniola* se reflejaba en el azul del mar. A un costado se encontraba una de las canoas, con Silver sentado en ella.

El sol descendía por detrás del "Catalejo". Aunque divisaba la Roca Blanca, lo cierto es que aún me quedaba un buen trecho. No había oscurecido totalmente, cuando asomé la cabeza por entre sus agrestes paredes. En el centro de la hondonada, descubrí una pequeña tienda de piel de cabra. Levanté un lado de la tienda y allí estaba el bote de Ben Gunn. El armazón era de madera fuerte y tosca. Lo cubrían varias piezas de piel de cabra. Al verlo, dudé que la embarcación pudiera aguantar mi peso.

Se me ocurrió una nueva idea. Iría, resguardado por la oscuridad, hacia la *Hispaniola*. Una vez allí, cortaría sus amarras y la dejaría ir a la deriva hasta encallarla. Así impediría que los amotinados pudiesen huir en la goleta.

Me senté para aguardar la oscuridad y comí unas galletas. Cuando la noche cubrió la isla, me eché el bote al hombro. Abandoné la hondonada dando traspiés. Sólo había dos puntos luminosos. Uno era la fogata de tierra, donde los piratas permanecían junto al pantano. La otra luz venía de la goleta. Como las aguas habían descendido con el reflujo, tuve que recorrer un largo trecho de arena pantanosa hasta llegar a la orilla.

Me tumbé en el fondo del bote y encomendé mi alma a Dios. Estaba seguro de que, al salir del estrecho, me precipitaría contra la línea de rocas donde rompe con furia el mar. Permanecí horas tendido en el bote, zarandeado por las olas, mojado por la espuma y aguardando que llegara la muerte. Agotado, me dormí.

Cuando me desperté era de día. Me encontraba en el suroeste de la isla, al lado del "Monte del Catalejo". En un primer momento, pensé en remar hacia tierra. Abandoné este pensamiento, pues la muerte la tenía asegurada en aquella costa abrupta llena de acantilados. Y no era eso lo peor. Desde mi pequeña embarcación, podía ver unos animales viscosos, leones de mar, que reptaban en grupo y se dejaban caer al agua en violentas zambullidas. Prefería morir ahogado que enfrentarme a tales peligros.

El mar estaba en calma. El viento soplaba del sur y las olas se lanzaban y caían sin llegar a reventar. Me sorprendía la facilidad con que mi bote surcaba las aguas: daba un pequeño salto y descendía, ligero, sobre el agua azul.

Después de un rato, comencé a envalentonarme. Me incorporé para intentar remar, pero esto hizo que casi naufragara. Al cambiar la distribución del peso, la embarcación se lanzó con fuerza contra una ola. Me encontraba empapado y lleno de pánico. Poco a poco, y como pude, achiqué el agua con mi gorra de marinero.

Descubrí un poco más tarde el funcionamiento del bote. Llegué a la conclusión de que lo que tenía que hacer era no alterar el equilibrio e intentar remar mientras estaba tumbado en el suelo.

Cuando se presentó la ocasión, puse en práctica mi plan. Remé tumbado. Para llevarlo a cabo, me apoyaba en los codos. Aunque estaba agotado, conseguí avanzar hacia el este. La orilla estaba cerca. Necesitaba llegar pronto a ella porque estaba sediento. Los rayos de sol, combinados con el agua y la sal, me abrasaban la piel, la garganta, la cabeza. Cerca ya de mi objetivo, la corriente me arrastró más allá del cabo. Enfrente de mí tenía a la *Hispaniola* con las velas desplegadas.

El miedo a ser atrapado por los piratas me invadió. Después, me sorprendió que la goleta cambiase constantemente de rumbo: del norte al sur, del este al oeste. La *Hispaniola* navegaba sin orden ni concierto. Llegué a la conclusión de que nadie la dirigía. Los tripulantes estaban borrachos o habían abandonado la goleta. De pronto, tomé una nueva decisión: abordar la nave, hacerme con ella y devolvérsela al capitán.

Me atreví a remar en el bote a pesar de que, al instante, fui recibido por una catarata de espuma. Con la energía que me quedaba, doblé mis esfuerzos y me acerqué a mi objetivo. Poco a poco, la distancia que me separaba de la goleta se fue acortando, gracias al viento que, en esos momentos, comenzó a soplar. Desde mi pequeña embarcación, la *Hispaniola* me parecía gigantesca.

El peligro era inmenso: el más leve roce me sepultaría para siempre en el mar. No tuve tiempo de pensar. Actué lo más rápidamente posible para salvar mi vida. Me encontraba en la cresta de una ola, cuando la goleta descendía en la ola inmediata. Tenía el bauprés encima de mi cabeza, ese palo casi horizontal que sobresale de la proa. Di un salto y me agarré al palo que sostiene una de las velas triangulares de la goleta. Inmediatamente, introduje un pie entre las cuerdas. Allí, jadeando por el esfuerzo, escuché un ruido seco que me advirtió que la nave acababa de destruir el bote. Estaba en la *Hispaniola*, y sin posibilidad de escape.

NO HABÍA OSCURECIDO, CUANDO LLEGUÉ A LA ROCA BLANCA. EN EL CENTRO DE LA HONDONADA, DESCUBRÍ UNA PEQUEÑA TIENDA DE PIEL DE CABRA. LEVANTÉ UN LADO, Y ALLÍ ESTABA EL BOTE DE BEN GUNN.

ME TUMBÉ EN EL FONDO DEL BOTE.

QUE DIOS ME PROTEJA.

AL DÍA SIGUIENTE, REMÉ HACIA LA ORILLA, PERO LA CORRIENTE ME ARRASTRÓ HASTA LA *HISPANIOLA*.

¡ESTOY SEDIENTO!

LA *HISPANIOLA* NAVEGABA SIN ORDEN NI CONCIERTO.

DEBEN ESTAR BORRACHOS.

TOMÉ UNA NUEVA DECISIÓN.

TOMARÉ LA GOLETA Y SE LA DEVOLVERÉ AL CAPITÁN.

# CAPÍTULO DIEZ

# ☠ En la "Hispaniola" ☠

La goleta, de pronto, se estremeció y, aunque estuve a punto de ser lanzado al mar, caí de cabeza en cubierta. Allí estaban los dos vigilantes: uno con gorro rojo, tieso como un palo, y el otro, Israel Hands, con una cara tan blanca como un muerto. Alrededor había manchas de sangre. Pensé que se habían matado en la pelea. Mientras los observaba, vi cómo Hands se quejaba y repetía está palabra:

—Aguardiente.

Bajé a la bodega. Era tal el desorden, que tuve que rebuscar para encontrar una botella de aguardiente llena. Para mí, cogí galletas, frutas secas y un trozo de queso. Regresé a cubierta. Tras dejar mis provisiones detrás del timón, fui a beber agua. Apaciguada mi sed, di el aguardiente a Hands. Se bebió de un trago un cuarto de la botella y exclamó:

—¡Esto es lo que necesitaba!

—¿Estás herido? —le pregunté.

–No es de importancia. Pero, ¿de dónde has salido tú? –me preguntó sorprendido.

–He venido a tomar posesión de la nave. Desde ahora seré su capitán y no consentiré que siga ondeando en la goleta la bandera pirata.

Arrié la bandera y la tiré al mar. Notaba que Israel Hands me miraba con interés.

–Ése –dijo Hands mientras señalaba con la cabeza un cadáver–, se llamaba O'Brien y me ayudaba a colocar el velamen. No creo que tú tengas fuerzas para llevar la nave. Pero si me das de comer y de beber, y un pañuelo para mi herida, yo te guiaré.

Cerramos el trato. Yo cumplí con mi parte y él con la suya. A los pocos minutos, la *Hispaniola* navegaba con buen viento bordeando la Isla del Tesoro. Antes del mediodía, deberíamos llegar a la ensenada del Norte. Después de comer, me dijo:

–Bueno, Jim, te agradecería que fueras a por una botella de… ¡Eso es, una botella de vino!

Las dudas de Hands me resultaron sospechosas. Sus gestos me indicaron que estaba tramando algo.

Bajé deprisa las escaleras, haciendo el mayor ruido posible. Luego, me descalcé y volví por donde había venido. Quería saber qué tramaba.

Hands abandonó su posición horizontal y, arrastrándose por la cubierta, fue en busca de un puñal que estaba envuelto en un rollo de cuerda. Probó el filo y volvió, rápidamente, a donde estaba antes.

No necesitaba saber más. Parecía claro que yo iba a ser su próxima víctima.

Me puse los zapatos, cogí el vino y volví a cubierta. Hands estaba como lo dejé. Mientras bebía, hablamos de temas profundos, como la salvación de su alma y la vida virtuosa. Harto de mis sermones, cambió de tema y me dijo:

—La marea ha subido bastante. Sigue mis consejos, capitán Hawkins, y acabemos de una vez.

Seguí las órdenes de Hands, y conseguí evitar los bancos de arena y fondear la nave en un lugar seguro. Estaba tan emocionado con las maniobras, que había olvidado el peligro que me amenazaba. Aún no sé por qué razón, volví repentinamente la cabeza. Allí tenía a Hands amenazándome con el puñal.

Al mirarnos a los ojos, los dos chillamos. Se abalanzó sobre mí y yo salté. Al moverme, solté la barra del timón, que golpeó a Hands en el pecho. Antes de que se recobrara, salí corriendo. Me detuve y saqué una pistola de mi bolso. Cuando volvía hacia mí, le apunté y apreté el gatillo. No hubo ni fogonazo ni explosión. El cebo mojado con el agua del mar había inutilizado el arma.

A pesar de estar herido, Israel Hands se movía con agilidad. Al ver que yo quería esquivarle, se detuvo. De repente, la *Hispanola* chocó con la arena y se tambaleó. Los dos caímos al suelo. Rodamos uno encima del otro. El muerto del gorro rojo cayó detrás de nosotros. Como correr por la cubierta inclinada no era la mejor solución, subí por el mástil y no paré hasta verme a salvo.

Me libró de la muerte mi rapidez. El puñal se clavó junto a mí cuando realizaba el ascenso. Como tenía tiempo, cambié el cebo de mi pistola. Después de cargar una, repetí la operación con la otra.

Me sorprendió verle subir hacia donde yo estaba. Entonces, con una pistola en cada mano le dije:

—¡Un paso más y te saltaré la tapa de los sesos!

De repente, le vi levantar la mano derecha. Algo vino hacia mí y quedé clavado al palo por el hombro. La sorpresa y el dolor dispararon mis pistolas, que se cayeron de mis manos. No cayeron solas: el timonel, dando un grito, cayó con ellas al agua.

Lo primero que intenté fue librarme del puñal. Tiré de él, pero desistí. Un terrible escalofrío de dolor me hizo estremecer. Este estremecimiento desprendió el puñal, que no debía estar tan firmemente clavado como había pensado.

Bajé a cubierta y fui a la cámara a curarme la herida. No tenía mal aspecto. Viendo que podía mover el brazo, decidí que ya era hora de quitarme de encima al difunto O'Brien. Lo cogí por la cintura y, dándole un empujón, lo arrojé al agua.

Después de asegurar la goleta decidí volver a tierra. Cogido de la maroma que antes sujetara el ancla, me dejé caer en el agua. Abandoné la *Hispaniola* y me dirigí a la costa. El sol acababa de ocultarse.

Me sentía feliz por mi hazaña. Y ahí estaba la *Hispaniola*, lista para que embarcásemos. Con estos pensamientos, llegué hasta el lugar donde había encontrado a Ben Gunn. Vi una gran fogata y pensé que estaría preparando su cena. Me preocupó su dejadez, pues los piratas lo podían descubrir.

Cuando llegué al fortín, todo permanecía en sombras; sólo se apreciaba el brillo de los rescoldos de una fogata. No entendía cómo el capitán había permitido hacer una hoguera tan grande.

Me aproximé gateando a la casa. Los ronquidos me sonaban a música celestial. Me llamó la atención que nadie vigilase. Pensé que todo esto ocurría porque el capitán estaba herido.

Me levanté y entré con los brazos extendidos. Sonreía al pensar en la sorpresa que se llevarían al despertarse. De pronto, una voz chillona dijo:

—¡Piezas de a ocho! ¡Piezas de a ocho!

¡Era el *Capitán Flint*, el loro de Silver! El chillido del pajarraco despertó a los hombres. Entonces, escuche a Silver que vociferaba:

—¿Quién anda ahí?

Me di la vuelta para huir, pero tropecé con alguien que me agarró con sus fuertes brazos.

—Trae una antorcha, Dick —dijo Silver.

Uno de los hombres salió del fortín y volvió con una tea encendida.

LA *HISPANIOLA* SE ESTREMECIÓ Y, AUNQUE ESTUVE A PUNTO DE SER LANZADO AL MAR, CAÍ DE CABEZA EN CUBIERTA. ALLÍ ESTABAN LOS DOS VIGILANTES DE LA GOLETA, Y PARECÍAN MUERTOS.

ISRAEL ESTABA VIVO Y PACTÉ CON ÉL.

YO SERÉ EL CAPITÁN.

TÚ ME DARÁS COMIDA Y BEBIDA, Y CURARÁS MI HERIDA.

CUANDO ME MANDÓ A POR VINO, LO ESPIÉ.

YA TENGO EL PUÑAL PARA MATAR A ESE NIÑATO.

ME LIBRÓ DE LA MUERTE MI RAPIDEZ.

UN PASO MÁS Y LE SALTARÉ LA TAPA DE LOS SESOS.

VOLVÍ AL FORTÍN.

¡PIEZAS DE A OCHO!

# CAPÍTULO ONCE

# ☠ Prisionero del enemigo ☠

La luz de la antorcha descubrió que mis temores eran ciertos. Los piratas habían tomado el fortín y habían matado a mis compañeros. Me sentía culpable por haberles abandonado. Conté a los bucaneros. Sólo quedaban seis. Silver me habló sonriendo:

—¡Así que eres tú! ¡Me recuerdas tanto a mí! —y Silver continuó—. Muchacho, estás en nuestras manos. Si te gusta, te unirás a nosotros. Si no te gusta, puedes decir que no. Eres libre, compañero.

Con toda la audacia de que era capaz, le dije:

—Antes de elegir, quiero que me diga por qué están ustedes aquí y dónde están mis amigos.

—Ayer por la mañana —siguió Silver—, se acercó el doctor Livesey con la bandera de tregua y me dijo: "Silver, sus amigos le han traicionado. La nave se ha ido". Y era cierto. Entonces, el doctor me ofreció hacer un pacto y así se hizo. Por esta razón estamos aquí. En cuanto a tus amigos, no sé dónde están. Y no pienses que tú estabas incluido en el pacto. El doctor me dijo: "Nos vamos cuatro y uno está herido. En cuanto a ese chico, estamos hartos de él".

—¿Es todo? —pregunté contento por lo que acababa de oír sobre mis compañeros.

—Por ahora, sí —contestó—. Y ahora has de elegir.

—Como lo que me espera es la muerte, me van a oír. Están ustedes en un grave aprieto y yo soy el único responsable de todo. Yo oí su conversación en el barril y desbaraté sus planes. También he sido yo quien ha llevado la goleta a un lugar seguro. Mátenme o déjeme con vida. Si me matan, no ganarán nada; si me dejan con vida, tal vez salve las suyas de la horca.

—Y además, él reconoció a Perro Negro —dijo Morgan, al que conocí en la posada de Long John.

—Y también —añadió Silver—, este muchacho robó el mapa a Billy Bones. Nos ha fastidiado bien.

—Entonces, a por él, acabemos de una vez —exclamó Morgan con un cuchillo en la mano.

—¡Deténte! —gritó Silver—. Si te acercas, te mataré.

Morgan se calló, pero los demás murmuraron.

—Esta tripulación está descontenta de ti —replicó uno de los hombres—. Te pido permiso para salir fuera y celebrar un consejo.

Y, con un saludo marinero, todos salieron de la casa. Silver y yo nos quedamos solos.

—Jim —dijo Silver—, estás a un paso de la tortura. Ellos me quieren echar. Pero recuerda, estoy de tu parte. Me dije al oír tus hazañas: "Salva a este muchacho, que él salvará tu pescuezo de la horca."

—Haré lo que pueda —dije.

—¡Trato hecho! —exclamó Long John.

Poco después se abrió la puerta. Un bucanero colocó algo en el interior de la mano de Silver, que exclamó:

—¡La mancha negra! —tras observar detenidamente lo que tenía en la mano, gritó—. ¿Quién ha arrancado una página de la Biblia? ¡Trae mala suerte!

—Dick —dijo uno.

—Pues que rece —sentenció Silver—. Ya ha agotado toda la suerte que le correspondía en esta vida.

Comenzaba a atemorizar a todos, cuando George, el hombre de ojos amarillentos, dijo a Silver.

—Déjate de tonterías y lee lo que está escrito.

—Ya sé que pone "destituido", pero sigo siendo vuestro capitán. Hasta que no manifestéis vuestras quejas y yo conteste, la mancha negra no vale nada.

—Yo hablaré —respondió George—. Primero, este viaje ha fracasado por tu culpa. Segundo, has permitido al enemigo salir de aquí sin nada a cambio. Y, finalmente, está la cuestión de ese mocoso.

—¿Es todo? —preguntó Silver—. Ahora escuchadme a mí. Decís que este viaje ha sido un fracaso. ¡No lo sabéis bien! Gracias a George, Hands y Anderson estamos a un paso de la horca. Y si queréis oír lo que pienso sobre este muchacho, escuchad: ¿no es un rehén?, pues aprovechemos lo que vale Yo no lo mataría, pues está a punto de llegar un barco de socorro. Os comentaré el punto dos. Hice el trato porque vosotros estabais enfermos. Os recuerdo que el doctor pasa visita todos los días en esta casa.

Todo lo que he hecho hasta aquí, lo he hecho por esto —y tirando al suelo un papel, les dijo—. ¡Por esto lo hice!

Reconocí enseguida el mapa que encontré en el cofre del Capitán. No entendía por qué el doctor se lo había entregado. Todos los amotinados se echaron encima de él. Inmediatamente, todos gritaron:

—¡Barbecue, para siempre! ¡Barbecue capitán!

Al día siguiente, nos despertó la voz del doctor. Aquello me trajo la alegría y el remordimiento.

—¡Buenos días! —saludó Silver—. Tenemos una buena sorpresa para usted. Está con nosotros Jim.

—Bien, bien —respondió el doctor—. Primero el deber y después el placer.

Cuando el doctor entró en el fortín, me lanzó una severa mirada. Se le veía tranquilo.

De pronto, alguien dijo:

—Dick no se encuentra bien, doctor.

—Acérquese, Dick —le animó el doctor—. Saque la lengua. ¡Qué barbaridad! Otro con fiebre.

—Ahí lo tienes, Dick —dijo Morgan—. Eso te pasa por estropear la Biblia.

—Eso os ocurre por acampar en un pantano —contestó el doctor—. Bien, ahora quiero hablar con este muchacho.

—¡No! No lo consentiré —gritó George con rabia.

Silver impuso la autoridad con su mirada y dijo:

—Doctor, cuando llegue a la empalizada, yo bajaré con el chico.

La explosión de descontento estalló en cuanto marchó el doctor. Nuevamente, acusaron a Silver de pensar sólo en sí mismo.

Él les insultó como nunca y salimos del fortín. Al llegar a la empalizada, Silver le habló al doctor Livesey:

—Espero que no olvide lo que he hecho. Tenga presente que la vida del muchacho está en peligro.

Se sentó lejos para no oírnos. Desde allí, no dejaba de vigilarnos a nosotros y a sus subordinados, que encendían una hoguera para preparar el desayuno.

—Así, Jim, que estás aquí. Eres un cobarde.

Lloré amargamente.

—Doctor —le dije cuando me calmé—, si no fuera por Silver, ya estaría muerto. Y no me importa morir. Mi único temor es que descubran, mediante la tortura, en dónde se encuentra la nave.

Jim —me ordenó el doctor—, vente con nosotros.

—No lo haré, he dado mi palabra de honor.

Rápidamente, le conté todas las aventuras que me habían sucedido. Cuando acabé, llamó a Silver:

—Silver, no vayan en busca del tesoro. Y lo más importante: si salva la vida de Jim, yo salvaré la suya.

El doctor me dio la mano, inclinó la cabeza hacia Silver y se marchó hacia el bosque.

LA LUZ DE LA ANTORCHA DESCUBRIÓ QUE MIS TEMORES ERAN CIERTOS. LOS PIRATAS HABÍAN TOMADO EL FORTÍN.

BIENVENIDO, JIM.

SILVER ESTUVO AMABLE.

TE QUEDARÁS CON NOSOTROS. TUS AMIGOS NO QUIEREN SABER NADA DE TI.

LA TRIPULACIÓN LE ECHÓ LA MANCHA NEGRA.

¡AHORA ME VAIS A OÍR A MÍ!

CUANDO LLEGÓ EL DOCTOR, LE CONTÉ MI AVENTURA.

SALTA Y ENTRA.

NO. HE DADO MI PALABRA DE HONOR.

EL DOCTOR SE DESPIDIÓ DE SILVER.

SI SALVA LA VIDA DE JIM, YO SALVARÉ LA SUYA.

ESTÉ SEGURO, DOCTOR.

# CAPÍTULO DOCE

## ✸ EN BUSCA DEL TESORO ✸

uando estuvimos solos, Silver me dijo:

—Jamás olvidaré lo que has hecho hoy por mí. Vi cómo el doctor te hacía señas para que huyeras, y vi cómo tu cabeza negaba. Y ahora, Jim, hay que buscar el tesoro. No te despegues de mi lado.

Como un hombre nos hacía señas desde la hoguera, nos fuimos a desayunar. Silver estaba de buen humor y comentó a sus hombres:

—Ésta será la última vez que el muchacho hable con sus amigos. Cuando vayamos a buscar el tesoro, lo llevaré atado con una cuerda, no vaya a ser que se nos escape. El rehén es otra especie de tesoro. Si se nos presentan problemas, podremos utilizarlo para conseguir de los otros lo que queramos.

Aunque los bucaneros recobraron la tranquilidad, yo me sentía deprimido. Temía que Silver se olvidase de su promesa. Temía que los bucaneros adivinasen el engaño de Silver y no entendía por qué mis amigos le habían dado el mapa. Con todos estos temores, salí a la búsqueda del tesoro con los bucaneros.

Unos hombres llevaban palas y azadones; otros transportaban alimentos. Los seis iban armados hasta los dientes, excepto yo. La expedición se completaba con el *Capitán Flint,* que parloteaba constantemente. Yo iba detrás de Silver, atado con una cuerda a la cintura. Me sentía como un oso de feria.

Así equipados, nos pusimos en marcha y llegamos a la playa. Nos repartimos en las dos embarcaciones y navegamos hacia el fondeadero. Silver sacó el mapa y leyó el mensaje:

*"Árbol alto, lomo del "Catalejo", en dirección N-NE, un cuarto al norte. El islote del Esqueleto E-SE y un cuarto al este. Diez pies."*

Por tanto, el principal punto de referencia era un árbol. Nos encontrábamos en ese momento enfrente del fondeadero, que estaba limitado por una meseta. La cima de la meseta estaba cubierta de pinos de distinta altura, pero había uno que sobresalía por encima de los demás.

Después de una larga travesía, desembarcamos. Tras andar un trecho, giramos a la izquierda y subimos la pendiente que llevaba a la meseta. Estábamos al borde de la meseta, cuando uno de los hombres dio un grito que nos sobrecogió. Todos corrimos en esa dirección.

Al pie de un altísimo pino, vimos un esqueleto humano con la ropa hecha jirones. Una enredadera entraba y salía por sus huesos. La visión heló la sangre de mis venas.

—Fijaos —dijo Silver a los bucaneros—, los huesos están colocados de un modo artificial.

Era cierto. Parecía un esqueleto nadador, a punto de zambullirse en el agua, con las manos por encima de la cabeza.

—Se me ha ocurrido una brillante idea —dijo entonces Silver—. Sacad la brújula y tomad el rumbo siguiendo la línea de esos huesos.

Como Silver había supuesto, el esqueleto estaba orientado en dirección E-SE y un cuarto al este, tal y como escribiese Flint en su mapa.

—Muchachos, ésta es una broma de Flint —dijo Silver sonriendo—. No sé si recordáis que él enterró el tesoro en la isla con seis hombres. Pues bien, los mató uno por uno, y a éste le debió arrastrar hasta aquí y le colocó de acuerdo con la brújula.

—No sé —dijo otro—, pero no es normal.

—No es normal ni agradable —respondió Silver—. Si Flint estuviese vivo, correríamos ahora un serio peligro, pero está muerto.

—Yo lo vi muerto —añadió Morgan—. Billy me obligó a entrar. Tenía una moneda en cada ojo.

—Pero si alguna vez un espíritu volviese del más allá, ése sería el de Flint —dijo otro marinero.

—¡Vamos! —dijo Silver—. Flint está muerto y bien muerto. Así que, ánimo, y vamos a lo nuestro.

Nos pusimos de nuevo en camino. Cuando llegamos a lo alto de la meseta, todos decidieron descansar. Los bucaneros hablaban en un susurro. De pronto, oímos una voz temblorosa que venía de los árboles. Canturreaba aquella conocida canción:

*"Quince hombres sobre el cofre del muerto,*
*¡Ah, ja, ja, la botella de ron!"*

Nunca he visto en mi vida hombres tan aterrorizados como aquéllos. La sangre huyó de su cara y estaban blancos.

—Es Flint, es Flint —gritó Merry.

La canción dejó de sonar.

78

—¡Vamos! —ordenó Silver—. Preparaos para seguir adelante. ¡Flint está muerto! Alguien nos está gastando una broma. Y es alguien de carne y hueso.

Con cada palabra de Silver, los bucaneros iban recobrando el color. Se encontraban ya más animados, cuando volvió a surgir la voz misteriosa. Esta vez no cantaba, sino que, insistentemente, decía:

—¡Darby M'Graw tráeme más ron!

Todos estaban paralizados por el terror. La única persona que les proporcionaba seguridad era Silver, que trató de tranquilizar a los demás:

—Muchachos, todos hemos oído un eco. Si los espíritus no tienen sombra, cómo es posible que tengan eco.

Me parecía una reflexión sin pies ni cabeza. Pero, para mi asombro, vi que los demás asentían con la cabeza. Incluso George Merry le dio la razón:

—Es verdad, Silver. Pero... ¡volvamos a los botes, compañeros! Al principio, pensé que era la voz de Flint. Pero... he estado recordando y me parece que...

—¡Claro! —rugió Silver—. ¡Es la voz de Ben Gunn!

Los filibusteros habían recobrado el entusiasmo. En cuanto descartaron que la voz perteneciese a Flint, el color volvió a asomar en sus caras. Se pusieron las herramientas al hombro y reemprendieron la marcha. Sólo Dick seguía impresionado. Continuaba rezando con su Biblia entre las manos.

Comenzamos a descender. Nos acercábamos cada vez más al lomo del "Catalejo". Llegamos al primer árbol alto y Merry comprobó con la brújula que no era el indicado. Lo mismo ocurrió con el segundo. El tercero se levantaba a casi doscientos pies por encima de la maleza. Era un árbol gigantesco.

A medida que nos íbamos acercando a él, los bucaneros cambiaban de expresión. En sus ojos brillaba la codicia, sus pies parecían volar.

Silver se mostraba ansioso. Tiraba de la cuerda y me hacía ir al trote. Cada vez que tropezaba, se volvía hacia mí con una mirada asesina. Me di cuenta de que mis temores se estaban cumpliendo. Ante el olor del oro, Silver se estaba olvidando de las promesas que había hecho al doctor.

# CAPÍTULO TRECE

# ☠ LA FOSA DEL TESORO ☠

**M**e sentía terriblemente desdichado. Al llegar a la espesura, Merry gritó contento:

—¡Adelante, compañeros! ¡El tesoro es nuestro!

Todos corrían. De repente, se detuvieron y se oyó un grito angustioso. Silver aligeró el paso y, al rato, también nosotros nos paramos en seco.

Nadie podía creer lo que veía. Y se veía un gran hoyo con tierra removida. Dentro, un azadón roto y las tablas de varios cajones. En una de estas tablas, marcada con hierro candente, figuraba la palabra "Morsa". Así es como se llamaba el barco de Flint.

Estaba claro: alguien había descubierto el tesoro. Los filibusteros estaban estupefactos. Sin embargo, Silver controló su rabia y, tras indicarme que me acercase, me dio una pistola. En un susurro me dijo:

—Jim, prepárate para lo que se nos viene encima.

Comenzó a moverse, yo le seguía. Pocos pasos fueron necesarios para poner el hoyo entre nosotros y los otros cinco.

Los bucaneros saltaron al hoyo. Gritaban y maldecían mientras escarbaban con sus dedos la tierra. Las tablas volaron en todas las direcciones. Morgan encontró una moneda de oro que pasó a George.

—¿Dónde están las setecientas mil libras? —preguntó George Merry airado.

—Seguid escarbando, muchachos —les dijo Silver con ironía—. Es posible que encontréis cacahuetes.

—¿Habéis oído lo que dice? —preguntó Merry dirigiéndose a los otros cuatro con los ojos desorbitados—. Os aseguro que este tipo lo sabía todo.

—¡Ay, Merry! —se lamentó Silver—. ¿Intentas otra vez hacerte capitán? Eres un muchacho ambicioso.

Pero esta vez, nadie escuchó a Silver. Todos estaban con Merry. Rápidamente salieron del hoyo. Me tranquilizó que lo hicieran por el lado opuesto a donde nosotros nos encontrábamos. De este modo, quedábamos dos de un lado y cinco del otro.

Nadie se atrevía a dar el primer paso. Silver los miraba más tranquilo que nunca. Me pareció muy valiente. Merry rompió el hielo con un discurso:

—Compañeros, ahí están esos dos. Uno es viejo y cojo, y el otro es su cachorro. Compañeros...

Su voz se quebró. Tres disparos le llevaron de cabeza al hoyo. Sus tres compañeros volvieron la espalda y se lanzaron a una carrera desesperada.

Antes de que tuviese tiempo de recuperarme, oí nuevos disparos. Esta vez era Silver, que vació su pistola en el cuerpo del moribundo mientras le decía:

—George, estamos en paz.

Al poco tiempo, vi que el doctor, Gray y Ben Gunn salían de entre los árboles. El doctor gritó:

—¡Adelante! Impidamos que alcancen los botes.

A gran velocidad, nos lanzamos en su persecución. Silver no se quedaba atrás. Al llegar a una zona abierta, pudimos ver que los tres huidos venían en nuestra dirección. Nos sentamos para tomar aliento y Gray fue a recoger el azadón que los filibusteros habían abandonado en la huida.

—Les doy a ustedes las gracias —dijo Silver—. Llegaron en el momento más crítico.

Recuperados de la carrera, descendimos hacia el fondeadero, donde estaban amarrados los botes. Durante el descenso, el doctor contó a Silver la historia del tesoro:

—Uno de los muchos días que pasó en la isla, Ben Gunn encontró el esqueleto. Días más tarde, encontró el tesoro. Tras largas y agotadoras jornadas, logró ponerlo a salvo en una cueva. Terminó esta tarea dos meses antes de que arrivásemos en la isla.

El doctor hizo una pausa y siguió hablando:

—Cuando arranqué este secreto a Ben Gunn, pacté contigo, Silver. ¡Qué cara de sorpresa pusiste cuando dejé en tus manos el mapa de la isla!

Entonces, dirigiéndose a mí, me dijo:

—Me hubiera gustado decirte que nos cambiábamos de vivienda, pero nadie sabía dónde estabas.

El doctor hizo una nueva pausa y siguió hablando:

—Esta mañana, después de volver del fortín, preparamos la emboscada. Ordené al caballero Trelawney que cuidase al capitán.

Gray, Ben Gunn y yo atravesamos la isla para tomar posiciones detrás del gran pino. Pero viendo que nos pisabais los talones, Ben Gunn decidió entreteneros con vuestras propias supersticiones. Mientras os recuperabais del susto, Ben Gunn corrió para encontrarse con nosotros, que ya estábamos detrás de los árboles, con la vista puesta en el gran pino.

—¡Qué suerte he tenido! —exclamó Silver—. Si no hubiese sido por Jim, yo estaría ahora pasándolo tan mal como esos tres huidos. ¿Verdad, doctor?

—No lo dudes ni un momento, Long John Silver.

Cuando llegamos a los botes, el doctor destrozó uno con el azadón. En el otro, nos embarcamos los cinco. Íbamos en dirección a la ensenada del Norte.

Tres millas más allá, nos topamos con la *Hispaniola*, que navegaba por su cuenta. La última pleamar la había puesto a flote. Aparte de la vela mayor, la *Hispaniola* estaba sana y salva.

Volvimos a embarcar en el bote y remamos hasta la ensenada del Ron. Era éste el punto más cercano a la cueva de Ben Gunn. A continuación, Gray volvió en el bote a la *Hispaniola* para hacer la guardia durante la noche.

Cerca ya de la cueva de Ben Gunn, saludamos al caballero Trelawney. Fue un bonito encuentro: ni un reproche, ni una condena. Cuando recibió el cortés saludo de John Silver, se puso colorado.

—John Silver —le dijo—, me han dicho que no tengo que denunciarle a la justicia. Obedeceré, pero en contra de mi voluntad.

Entramos todos en la cueva. Era un lugar amplio y bien ventilado. Delante de una hoguera se encontraba el capitán Smollett.

En un rincón del fondo estaba depositado el tesoro de Flint. ¡Cuántas monedas, qué brillantes barras de oro!

—¡Jim! —gritó el capitán Smollett—. Eres un gran chico, pero creo que tú y yo nunca volveremos juntos a la mar. La fortuna, muchacho, te favorece demasiado —se incorporó como si hubiese visto una aparición—. ¿Eres tu, John Silver? ¿Qué haces aquí?

—Vuelvo a mi deber, señor.

¡Ah! —exclamó el capitán.

Eso es todo lo que dijo. Me decepcionó, porque yo estaba esperando una regañina. Lo que no me decepcionó fue la cena de aquella noche. Nunca más en mi vida he sentido tanta felicidad como entonces. Y allí estaba Silver, atento con todo el mundo. Volvía a ser el marinero divertido y simpático que conocimos en Bristol.

DE REPENTE, SE OYÓ UN GRITO ANGUSTIADO. EN EL FONDO DE LA FOSA, SÓLO HABÍA UN AZADÓN ROTO Y UNAS TABLAS.

ESCARBAD, IGUAL ENCONTRÁIS CACAHUETES.

¿DÓNDE ESTÁN LAS SETECIENTAS MIL LIBRAS?

ESTÁBAMOS A PUNTO DE MORIR A MANOS DE LOS PIRATAS.

¡MATÉMOSLES, COMPAÑEROS!

Y MERRY CAYÓ A LA FOSA.

GEORGE, ESTAMOS EN PAZ.

NOS LANZAMOS A LA PERSECUCIÓN DE LOS TRES PIRATAS.

GRACIAS, DOCTOR, POR SALVARME LA VIDA.

AL ANOCHECER, LLEGAMOS A LA CUEVA DE BEN GUNN.

¡BIENVENIDO, JIM! ¡BUENAS NOCHES, CAPITÁN!

# CAPÍTULO CATORCE

# ✹ DE VUELTA A CASA ✹

Nada más levantarnos comenzamos a trabajar. El transporte del oro hasta la goleta resultó muy duro. Fue una pesada tarea para tan pocos hombres. Además, uno del grupo se encargó de la vigilancia. Pensábamos que era improbable que apareciesen los tres filibusteros, pero no podíamos arriesgarnos.

Nos repartimos las tareas. Gray y Ben Gunn iban y venían en el bote, mientras los demás amontonaban el tesoro en la playa. Los lingotes pesaban tanto, que un hombre sólo podía acarrear dos en cada viaje. Como yo no tenía muchas fuerzas, estuve todo el día metiendo las monedas en los sacos.

Había monedas de todos los países. Me recordó la variada colección que tenía Billy Bones en su cofre. Recuerdo que sentí una gran satisfacción clasificándolas. Monedas inglesas, españolas, francesas, portuguesas. Me sorprendieron las piezas orientales con sus signos inscritos que parecían garabatos. Según fueron pasando las horas, el primer entusiasmo se convirtió en cansancio. Me dolían los dedos de clasificarlas y la espalda de estar agachado.

Pero el trabajo no se acabó en un día. Al atardecer habíamos logrado embarcar una fortuna en la goleta, pero otro tesoro nos aguardaba en la cueva.

Paseaba con el doctor cuando el viento nos trajo las voces de los filibusteros.

—¡Dios los perdone! —exclamó el doctor.

—Sí, señor —añadió Silver que venía detrás de nosotros—. Están borrachos como una cuba.

Tengo que decir que Silver gozaba de total libertad. Aunque los hombres no eran muy amables con él, Silver era siempre educadísimo. Sólo Ben Gunn le trataba con el respeto que da el haber sido su subalterno en otro tiempo. Y allí estaba Silver con nosotros, tratando de ganarse al doctor:

—A nosotros nos debe dar igual lo que les pase.

—Pues a mí, no —le contestó el doctor—. Puede que no estén borrachos, sino delirantes de fiebre. Aunque le parezca mentira, si estuviese seguro de su delirio, iría a darles asistencia.

—Perdone, doctor —dijo Silver—, pero sería una decisión equivocada. Esté seguro de que perdería la vida. Esos hombres, además, no creerían en su palabra y no mantendrían la suya.

Ya sabemos, Silver —le contestó el doctor con sorna—, que usted si que mantiene la suya.

Desde entonces, no volvimos a saber nada de los tres piratas. Celebramos un consejo y decidimos abandonarlos en la isla. Les dejamos una buena cantidad de pólvora, balas, herramientas y tabaco.

Después de almacenar el tesoro en la goleta, embarcamos agua potable. Y al fin, una mañana, levamos el ancla. En la *Hispaniola* ondeaba la misma bandera bajo la cual habíamos luchado en el fortín.

Al salir de los estrechos, sobre el banco de arena, vimos a los tres bucaneros de rodillas y con los brazos abiertos. Aquello nos encogió el corazón. Pero finalmente, decidimos no arriesgarnos a tener otro motín. Por otra parte, nos consolamos pensando que devolverlos a Inglaterra tampoco era buena solución. Allí les esperaba la horca. El doctor los llamó a gritos para indicarles el lugar en dónde habíamos dejado las provisiones. Pero ellos seguían implorando que les dejásemos embarcar.

La nave continuó navegando. De pronto, vimos como uno de ellos se ponía en pie. Apuntando con su mosquete, disparó. Una bala pasó silbando por la cabeza de Silver y atravesó la vela mayor.

A partir de ese instante, decidimos protegernos. Cuando levanté la cabeza, la isla quedaba en la lejanía. Respiré tranquilo.

Éramos tan pocos en la goleta, que todos hacíamos de todo. Sólo el capitán estaba echado sobre un colchón en la popa. Desde este lugar, daba las órdenes oportunas. Como el viaje era muy largo, pusimos proa hacia el puerto más cercano de la América española. No podíamos arriesgarnos a un largo viaje sin tripulación. Antes de alcanzar el primer puerto, sufrimos un par de tempestades.

Nada más echar el ancla en el golfo, nos rodearon botes llenos de gente. Negros, indios y mestizos nos ofrecían legumbres o frutas. Unos muchachos nos pedían dinero a cambio de tirarse al agua desde una elevadísima roca. La alegría de esta gente contrastaba con nuestras caras sucias y agotadas.

Esa noche la pasé en tierra con el caballero Trelawney y el doctor. En el puerto se encontraron con el capitán de un navío inglés y acabamos en su barco. Amanecía cuando volvimos a la *Hispaniola*.

Nos encontramos a Ben Gunn en cubierta. Cuando nos vio, comenzó a hacer gestos rarísimos. Pasó un buen rato hasta que pudo hablar:

—Silver ha huido.

—¿Y cómo ha ocurrido? —preguntó intrigado el caballero Trelawney.

—Señores —respondió preocupado Ben Gunn—, yo le he dejado escapar. Pensé que era mejor que se fuese. Lo conozco bien y sé que nos mataría a todos.

El doctor, que en un momento de la conversación había desaparecido, volvió con nuevas noticias:

—Silver se ha llevado un saco de monedas.

Lo cierto es que nos sentimos realmente contentos de haberle perdido de vista. En los días siguientes, contratamos una nueva tripulación y volvimos a levar el ancla. La travesía fue tranquila y llegamos a Bristol. Mister Blandly se alegró de vernos, pues estaba ya equipando un barco de socorro. Sólo cinco hombres volvíamos a Bristol. Como decía la canción marinera:

*"La bebida y el diablo se llevaron al resto"*.

Todos recibimos nuestra parte del tesoro, y la utilizamos como pudimos y supimos. Actualmente, el capitán Smollett está retirado. Gray no sólo no derrochó su fortuna sino que se puso a estudiar. Ahora es el primer oficial y copropietario de un navío. Se casó y es un feliz padre de familia. Ben Gunn recibió mil libras que gastó totalmente en tres semanas. Exactamente, en diecinueve días. El vigésimo día estaba ya a la puerta del caballero Trelawney mendigando una limosna. Con muy buen criterio, el caballero Trelawney le ofreció el trabajo de guardián. Y allí vive. Los campesinos le admiran porque canta muy bien en la misa del domingo. De Silver nunca más he vuelto a saber nada.

El doctor y yo todavía seguimos hablando del tesoro que guarda la isla. La plata y las armas permanecen donde Flint las dejó. Pero, por mi parte, seguirán allí siempre. Mis peores sueños son aquellos en que vuelvo a oír el rugido de las olas y la chillona voz del *Capitán Flint* gritando: "¡Piezas de a ocho! Piezas de a ocho!"

FIN

EL TRANSPORTE DEL ORO HASTA LA GOLETA RESULTÓ MUY DURO. YO ESTUVE TODO EL DÍA METIENDO LAS MONEDAS EN LOS SACOS.
CUANDO ZARPAMOS, VIMOS A LOS TRES BUCANEROS.
¡POR DIOS, LLEVADNOS!
FUE UN VIAJE AGOTADOR.
RAREMOS EN ESTE PUERTO PARA CONTRATAR NUEVA TRIPULACIÓN.
DE ACUERDO, CAPITÁN.
SILVER HUYÓ CON UN SACO DE ORO EN LA MANO.
ES MEJOR ASÍ.
ESTOY DE ACUERDO.
CINCO HOMBRES VOLVÍAMOS
STOL.
¡YA ESTAMOS EN CASA!

## *VIAJES Y AVENTURA*

### TOM SAWYER
**Mark Twain**

Tom, un niño soñador y aventurero, vive en un pueblecito a orillas del Mississippi. Ocurrirá un asesinato que transformará la vida de Tom.

### HUCKLEBERRY FINN
**Mark Twain**

Escapa con Huckleberry de la vida tranquila y busca con él, con Tom Sawyer y con el esclavo Jim, la alegría de vivir en libertad a orillas del Mississippi.

### LA VUELTA AL MUNDO EN 80 DÍAS
**Julio Verne**

Una apuesta conduce a Phileas Fogg a embarcarse en el gran reto de dar la vuelta al mundo en tan sólo ochenta días. Acompañado de su fiel Passepartout y de la bella Aouda, atravesará mares y océanos, y correrá increíbles aventuras.

### 20.000 LEGUAS DE VIAJE SUBMARINO
**Julio Verne**

Si te gustan las emociones fuertes, embarca en el *Nautilus*. El capitán Nemo te descubrirá los impresionantes secretos y riquezas que esconde el mar.

### ROBINSON CRUSOE
**Daniel Defoe**

Naufragios, piratas, caníbales, territori inexplorados y exóticos...Todo ello es presente en la vida de Robinson Cruso El hombre que vivió veintiocho años solo en una isla deshabitada y logró vencer a la Naturaleza.

## *NATURALEZA*

### EL LIBRO DE LA SELVA
**Rudyard Kipling**

Acompaña a Mowgli por la selva, a nadar en estanques cristalinos, a dorm en la copa de árboles centenarios; haz amigo de sus hermanos los lobos y aprende con él a respetar la Ley de la Selva.

## *FAMILIA*

### HEIDI
**Johanna Spyri**

Heidi es feliz con su abuelo en las montañas, pero la llevan a Frankfurt con Clara, una niña a la que contagia su alegría y su ilusión por la vida. Hei sueña con volverá a sus queridas montañas.

### LA PEQUEÑA DORRIT
**Charles Dickens**

Hay vidas que son excepcionales y ejemplares, como la de la pequeña Dorrit. Nadie mejor que ella para enseñarte lo que es la bondad, el amo la generosidad y un sinfín de buenos sentimientos.

# INDIOS Y VAQUEROS

## BUFFALO BILL
La auténtica vida de Bill Cody, Buffalo Bill. El más increíble aventurero del Oeste americano, que llegó a convertirse en leyenda.

## WINNETOU
### Karl May
Atrévete a cabalgar por las praderas del lejano Oeste junto a Old Shatterhand, el duro Old Death y el apache Winnetou, y vivirás con ellos mil trepidantes aventuras.

## DAVID CROCKETT
Las fabulosas aventuras de David Crockett, el cazador de osos más célebre de América, el gran soldado y político, el héroe de El Álamo.
Un nombre que ya es leyenda.

# PIRATAS

## LA ISLA DEL TESORO
### R. L. Stevenson
El joven Jim Hawkins nunca imaginó que aquel viaje en la goleta *La Hispaniola* le traería tantas sorpresas: conocer al pirata más sanguinario, descubrir mares desconocidos, encontrar un fabuloso tesoro...

## SANDOKÁN
### Emilio Salgari
Descubre quién es Sandokán, el príncipe de la Malasia y rey de todos los piratas. Comparte con él las emocionantes aventuras para conquistar a Mariana y enfréntate a los peligros de la selva más asombrosa.

# CABALLEROS Y TORNEOS

## ROBIN HOOD
Desde el bosque de Sherwood, un joven se enfrenta a los traidores del rey Ricardo. Es el valeroso arquero Robin Hood, el defensor de los pobres. ¡Descubre sus apasionantes aventuras!

## IVANHOE
### Sir Walter Scott
Ponte tu armadura, coge tu escudo y acompaña a Ivanhoe en su lucha por restablecer la justicia en Inglaterra. Entrarás en un mundo de torneos, asaltos a castillos, bufones sensatos y monjes tragones... Pero sobre todo, cabalgarás al lado de Robin Hood y del misterioso "Caballero Negro".

# ESPADACHINES Y JUSTICIEROS

## DICK TURPIN
### William H. Ainsworth
Si entras en la banda del espadachín Dick Turpin, no te arrepentirás. Lucharás en defensa de los pobres, necesitados y desvalidos, y siempre, siempre, harás triunfar la justicia y la verdad.

ÉSTE LIBRO SE TERMINÓ
DE IMPRIMIR EN LOS TALLERES
GRÁFICOS DE GRÁFICA
INTERNACIONAL, S. A. (MADRID, ESPAÑA),
EN EL MES DE NOVIEMBRE DE 1996

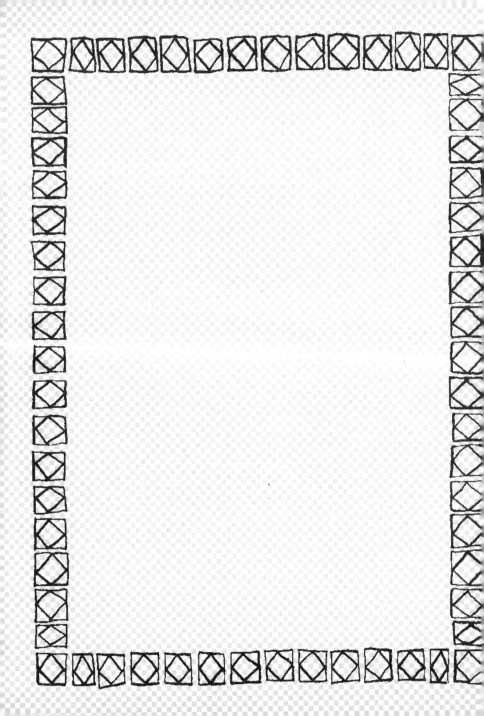